高等学校交通运输与工程类专业教材建设委员会规划教材
江苏高校品牌专业建设工程二期项目(交通工程)资助

Urban Public Transit Planning and Operation Management

城市公共交通规划与运营管理

陈学武　程　龙　编著

人民交通出版社股份有限公司

北京

内 容 提 要

本书从我国的城市公共交通发展实际出发,兼顾相关专业的人才培养要求,按照理论结合实际、系统性与先进性并重的原则,系统介绍城市公共交通规划与运营管理的基本理论和方法。全书共分9章,包括概论、城市公共交通系统数据采集与分析、城市公共交通系统评价、城市公共交通需求分析、城市公共交通系统架构、城市公交线网规划、城市公交场站规划、城市公共交通运营组织与管理、城市公共交通的票制票价和补贴机制。

本书可作为交通工程、交通运输等专业本科生教材,也可作为相关专业研究生及各类技术人员的参考书。本书配套实训学习指导书,可通过加入城市公共交通规划与运营管理教学研讨QQ群(651574953)索取。

图书在版编目(CIP)数据

城市公共交通规划与运营管理／陈学武,程龙编著
. — 北京：人民交通出版社股份有限公司,2021.5(2024.11重印)
 ISBN 978-7-114-17071-3

Ⅰ.①城… Ⅱ.①陈…②程… Ⅲ.①城市交通—公共运输—交通规划②城市交通—公共运输—运营管理
Ⅳ.①U491

中国版本图书馆CIP数据核字(2021)第027869号

高等学校交通运输与工程类专业教材建设委员会规划教材
江苏高校品牌专业建设工程二期项目(交通工程)资助
Chengshi Gonggong Jiaotong Guihua yu Yunying Guanli

书　　名：	城市公共交通规划与运营管理
著 作 者：	陈学武　程　龙
责任编辑：	李　晴
责任校对：	席少楠
责任印制：	刘高彤
出版发行：	人民交通出版社股份有限公司
地　　址：	(100011)北京市朝阳区安定门外外馆斜街3号
网　　址：	http://www.ccpcl.com.cn
销售电话：	(010)85285911
总 经 销：	人民交通出版社股份有限公司发行部
经　　销：	各地新华书店
印　　刷：	北京虎彩文化传播有限公司
开　　本：	787×1092　1/16
印　　张：	10.75
字　　数：	254千
版　　次：	2021年5月　第1版
印　　次：	2024年11月　第4次印刷
书　　号：	ISBN 978-7-114-17071-3
定　　价：	45.00元

(有印刷、装订质量问题的图书由本公司负责调换)

前言

作为城市交通系统的重要组成部分,城市公共交通具有集约高效、节能环保等优点。优先发展公共交通是缓解交通拥堵、转变城市交通发展方式、提升人民群众生活品质、提高政府基本公共服务水平的必然要求,是构建资源节约型、环境友好型社会的战略选择。科学的城市公共交通规划与运营管理是推动公共交通优先发展战略实施、切实提升城市公共交通吸引力和承载力、提高公共交通服务品质和运营效益的技术保障。

在服务交通强国建设的战略背景下,构建公共交通规划与运营管理领域的知识体系对促进公交领域专业人才培养、提高公共交通服务品质和效率具有重要意义。编者在充分吸取东南大学近年来公共交通规划与运营管理课程的教学经验和相关研究成果的基础上,按照"理论结合实际、系统性与先进性并重"的原则编写本教材。在内容选取上,本教材从我国城市公共交通发展实际出发,兼顾相关专业人才培养要求,系统地阐述了公共交通规划与运营管理的任务与主要内容,介绍了城市公共交通的基本概念和特征、城市公共交通的发展概况和政策导向、城市公共交通系统数据采集与分析、城市公共交通系统评价、城市公共交通需求分析、城市公共交通系统架构、城市公交线网规划、城市公交场站规划、城市公共交通运营组织与管理、城市公共交通的票制票价和补贴机制等内容。

本教材具有如下特点:

(1)在知识体系方面,将公交规划和运营管理进行结合,以使相关专业的学生对城市公共交通规划与运营管理形成系统的认识和理解。一方面,通过城市公共交通规划的编制与实施,综合调控公共交通系统的建设,实现有效供给;另一方面,通过对城市公共交通系统运行和运营的监测与管理,充分发挥公共交通系统的效能,满足合理需求。结合《城市综合交通体系规划标准》(GB/T 51328—2018)和指导城市公共交通专项规划编制工作实践的《城市公共交通规划编制指南》《江苏省城市公共交通规划导则》等标准、规范的要求,详细介绍公交专项规划的技术要求和方法要点。在公交规划的基础上,介绍公交运营管理的基本理论和方法,侧重运营组织与调度方面,包括运营组织方式、运行时刻表编制等。

(2)在教学组织方面,增强了实训环节。充分考虑我国公交规划与运营管理的实际,结合典型工程案例分析进行相关理论和技术的学习和应用,并对如何应用分析结果支撑公交规划与管理进行探讨。特别注意了教学与研究、理论与实践的结合及学科层面的交叉融合,注重拓宽学生的视野、思路,激励学生的创新与个性发展。各章均附有复习题与习题,方便学生自主学习、复习、思考及应用。

本教材得到了江苏高校品牌专业建设工程二期项目(交通工程)资助和道路交通工程国家级实验教学示范中心(东南大学)支持。在本教材的撰写过程中,编者参阅了大量国内外文献和书籍,李海波、王妤岚、徐茜、夏雪、籍丹萍、周航、曹锴、杨钧剑、郑姝婕、罗荣根、齐超、张锦阳、陈鹏元、刘锡泽、孙钰、成骋等研究生先后参与了相关案例分析、资料整理和书稿校对工作,在此一并表示衷心感谢!

由于作者水平所限,书中难免有错漏之处,恳请同行专家和广大读者批评指正,以使本教材不断得以完善。

编 者
2020 年 9 月于东南大学

目录

第1章 概论 ··· 1
1.1 城市公共交通的定义、分类及特征 ································ 1
1.2 城市公共交通发展概况 ··· 5
1.3 我国城市公共交通发展中的主要问题 ···························· 8
1.4 城市公共交通规划与运营管理的任务与主要内容 ············· 10
复习思考题 ·· 14

第2章 城市公共交通系统数据采集与分析 ····························· 15
2.1 公交系统服务区域特性 ·· 16
2.2 公交系统的物理要素 ··· 19
2.3 公交系统可提供的服务 ·· 22
2.4 公交客流量、客运量与客运周转量 ····························· 24
2.5 公交运营数据采集方法 ·· 25
复习思考题 ·· 29

第3章 城市公共交通系统评价 ·· 30
3.1 评价的目的与作用 ·· 30
3.2 评价的内容与综合评价工作流程 ································ 31
3.3 城市公共交通系统评价指标体系 ································ 33
3.4 公交服务系统评价标准问题 ······································ 39
复习思考题 ·· 41

第4章 城市公共交通需求分析 ·· 42
4.1 公交需求的影响因素 ··· 42
4.2 需求函数和需求弹性 ··· 45
4.3 公交需求预测原则 ·· 51

  4.4 公交需求预测基本方法及案例 ………………………………………………… 53
  4.5 公交网络客流分配 …………………………………………………………… 66
  复习思考题 ……………………………………………………………………… 70

第5章 城市公共交通系统架构 ……………………………………………………… 72
  5.1 城市公共交通发展定位 ……………………………………………………… 72
  5.2 城市公共交通发展目标与关键性控制指标 ………………………………… 76
  5.3 城市公共交通系统构成与模式选择 ………………………………………… 81
  复习思考题 ……………………………………………………………………… 85

第6章 城市公交线网规划 ……………………………………………………………… 86
  6.1 城市公交线网布局模式 ……………………………………………………… 86
  6.2 公交线网规划的影响因素与基本约束 ……………………………………… 89
  6.3 公交线网布局规划方法 ……………………………………………………… 93
  6.4 公交线网设计新思路——公交线网"革命" ……………………………… 103
  复习思考题 ……………………………………………………………………… 106

第7章 城市公交场站规划 ……………………………………………………………… 107
  7.1 公交场站体系构成 …………………………………………………………… 107
  7.2 公交场站布局规划思路及规模控制 ………………………………………… 108
  7.3 公交中途停靠站布局优化 …………………………………………………… 113
  复习思考题 ……………………………………………………………………… 118

第8章 城市公共交通运营组织与管理 ………………………………………………… 119
  8.1 公交客流特征分析与预测 …………………………………………………… 119
  8.2 公交运营组织方式 …………………………………………………………… 129
  8.3 公交线路发车频率的确定方法 ……………………………………………… 131
  8.4 运行时刻表编制方法 ………………………………………………………… 136
  8.5 公交服务的衔接性及评价方法 ……………………………………………… 138
  8.6 公交运营管理的智能化与信息化 …………………………………………… 142
  复习思考题 ……………………………………………………………………… 149

第9章 城市公共交通的票制票价和补贴机制 ………………………………………… 150
  9.1 概述 …………………………………………………………………………… 150
  9.2 票制的分类及制定规则 ……………………………………………………… 151
  9.3 定价原则与调价机制 ………………………………………………………… 153
  9.4 成本核算 ……………………………………………………………………… 155
  9.5 补贴机制 ……………………………………………………………………… 157
  复习思考题 ……………………………………………………………………… 161

参考文献 …………………………………………………………………………………… 162

第1章
概　　论

1.1　城市公共交通的定义、分类及特征

1.1.1　城市公共交通的定义与分类

关于"城市公共交通"的定义，我国行业标准《城市公共交通工程术语标准》(CJJ/T 119—2008)将其作为一个术语表述如下：城市公共交通(Urban Public Transport)指在城市地区供公众乘用的各种交通方式的总称。也可简称公共交通或公交。

我国《城市公共交通分类标准》(CJJ/T 114—2007)按照系统形式、载客工具类型、客运能力将城市公共交通分为城市道路公共交通、城市轨道交通、城市水上公共交通和城市其他公共交通四大类。城市公共交通的分类体系如图1-1所示。

城市道路公共交通是指行驶在城市地区各级道路上的公共客运交通方式，包括常规公共汽车、快速公共汽车系统、无轨电车等。公共三轮车、公共马车也属于早期的城市道路公共交通，但是目前使用极少。其中，快速公共汽车交通(Bus Rapid Transit，BRT)系统是由公共汽车专用线路或通道、服务设施较完善的车站、高新技术装备的车辆、面向乘客需求的线路组织和各种智能交通技术措施组成的公共客运系统。《快速公共汽车交通系统设计规范》(CJJ 136—2010)中将快速公共汽车交通定义为：以大容量、高性能公共汽电车沿专用车道按班次

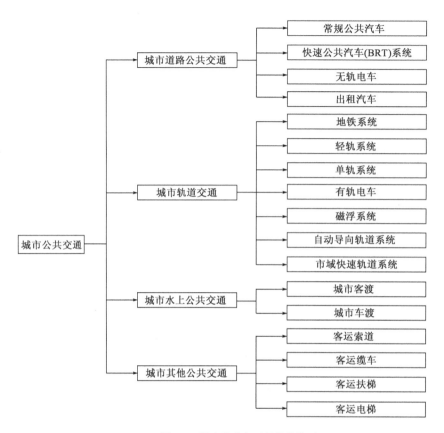

图1-1 城市公共交通的分类体系

运行,由智能调度系统和优先通行信号系统控制的中运量快速客运方式,简称快速公交(BRT)。无轨电车系统设施由无轨电车车辆及其相匹配的牵引供电系统、相对固定的运营线路、相应等级和规模的起点站、中途站、终点站和停车站场、维护修理场所组成。

城市轨道交通是采用轨道结构进行承重和导向,设置全封闭或部分封闭的专用轨道线路,以列车或单车形式运送客流的公共交通运输系统。在《城市公共交通分类标准》(CJJ/T 114—2007)中,将城市轨道交通分为地铁系统、轻轨系统、单轨系统、有轨电车、磁浮系统、自动导向轨道系统、市域快速轨道系统七大类,并根据轨道交通车辆类型进一步细分为十三小类,给出了各种轨道交通的车辆(车长、车宽、定员)和线路条件(平曲线半径、纵坡)、客运能力、平均运行速度等主要技术指标及特征。

城市水上公共交通是航行在城市及周边地区水域范围的公共交通方式,是城市公共交通的重要组成部分,主要有:过江(河)两岸公共交通、沿岸线航行公共交通和旅游观光公共交通。按照运送对象的不同又可分为城市客渡和城市车渡形式。

我国2018年颁布的国家标准《城市综合交通体系规划标准》(GB/T 51328—2018),也将"城市公共交通"作为一个术语进行了定义,其表述为:由获得许可的营运单位或个人为城区内公众或特定人群提供的具有确定费率的客运交通方式的总称。按照运输能力与效率可划分为集约型公共交通与辅助型公共交通。其中,集约型公共交通(Mass Transit)是为城区中的所有人提供的大众化公共交通服务,且运输能力与运输效率较高的公共交通方式,简称公交。辅助型公共交通(Paratransit)是为满足特定人群个性化出行需求的城市公共交通方式,如出租车、班车、校车、定制公交、分时租赁自行车,以及特定地区的轮渡、索道、缆车等。

从公共交通行业发展的角度来看,国际上对于公共交通的认识一直在不断地变化,与经济发展水平、交通基础设施条件及城市交通问题的严重程度有关。

早在1966年,美国公共交通协会(American Public Transportation Association,APTA)将公共交通行业定义为由所有私有和公有的当地客运交通企业组成的总体,但不包括出租车、郊区铁路、观光巴士及校车。具体包括:地方公共汽车线路、街道有轨电车、地铁线路、城市公共电车和电动长途汽车。到2004年,APTA重新审视公共交通服务的概念,并将其定义更新为包括所有为乘客提供共乘车辆服务的地方或区域线路,这些服务包括:私有或公有公共汽车、轨道交通、轮渡、国有铁路、长途公共汽车、与公共交通机构签订合约的出租汽车、与公共交通机构签订合约的汽车合用服务,以及其他为老年人或残疾人提供的交通服务。2006年,公共交通服务的概念再次发生变化,即为公众提供定时的、持续的一般性或专门性交通服务。这一概念下的公共交通通常指公共汽车、地铁、铁路、无轨电车和轮渡,还包括为老年人、残疾人提供的交通服务,以及在公共交通机构合约管理下的汽车合用和出租车服务。

欧盟管制机构对公共交通服务的定义更加强调了服务机会的均等:公共交通是以大众的经济利益为目的、以非歧视性和持续性为原则的为公众提供的客运交通服务。

国际公共交通协会(UITP)对公共交通服务的定义也十分宽泛,认为公共交通是指乘客不使用自己拥有的小汽车出行,通常指轨道交通和公共汽车服务,广义上还包括轮渡、出租车服务等。换而言之,任意运输"大众"的交通系统都是公共交通。

虽然不同国家和地区对于公共交通的定义存在一定的差异,但从整体上来讲,对于公共交通的认识正在逐渐趋于一致。从广义上讲,所谓公共交通,是相对于个体交通而言的,由政府、社会机构或个人以确定的费率向社会公众提供服务的各种运输方式。

本书重点讨论以定时定线行驶为主要特征、以公开的费率为城区中所有人提供基本出行服务且运输能力和运输效率较高的集约型公共交通系统。

1.1.2 城市公共交通的基本特征

城市公共交通是与城市交通、城市社会经济环境系统相联系的复杂、开放的大系统。集约型城市公共交通在交通功能、需求、服务等方面具有以下特征:

1)高效率、低成本、大众化

公共交通是唯一具有大运量、网络化特征的有组织的客运服务功能的交通方式,对于布局紧凑、集约开发的大城市,公共交通更是组织城市活动和通勤交通不可替代的主导交通方式,也是城市低收入人群出行的基本保障。

与小汽车等私人机动化交通方式相比,公共交通具有道路资源利用率高、能耗低、资源占用少等特点。据测算,运送相同数量的乘客,小汽车占用的道路资源是公共汽车的23倍,城市轨道交通的运输效率比公共汽车更高。每人每公里通行所需的标准煤消耗,小汽车、摩托车与公共汽电车的比例为4.9∶2.45∶1,若采用大运量轨道交通作为公共交通工具,节能效果更加明显。国际城市交通发展实践表明,在城市交通出行比例中,如果有1%的小汽车出行者转向乘坐公共交通工具出行,可使城市交通总能耗降低0.8%。

从环境保护角度来看,公共交通在高峰小时每人每公里平均排放的CH、CO、NO_x三项污染物,分别是小汽车的17.1%、6.1%、17.4%;在城市中,如果轨道交通承担的客运量达到

50%，CO 和 NO_x 的排放量可分别降低92%和86%。

从交通安全水平角度来看，每亿人公里死亡率：轨道交通为0.035，公共汽车为0.07，小汽车为0.7，摩托车为14。

从全成本核算角度来看，根据相关研究成果，不同交通工具使用者实际支付的费用与其运用过程中所产生的全部成本（包括环境污染成本、拥堵时间成本、资源占用成本等）的比例存在较大差异，如表1-1所示。假设采用步行方式出行的实际支付成本与全部成本的比例为100%，以此为参照，摩托车和小汽车出行者实际支付的比例比公交车使用者低很多，分别为34.8%和59.6%。这说明，私人交通工具使用者的出行成本中有很大一部分被社会公共资源所"免费补贴"了。因此，优先发展城市公共交通对于促进社会公平性具有重要意义。

各交通工具使用者实际支付费用与运营总成本的比例 表1-1

序　号	交通方式	实际支付费用/运营总成本（%）
1	步行	100
2	自行车	96.6
3	摩托车	34.8
4	小汽车	59.6
5	出租车	47.8
6	公交车	81.6

2）满足城市公众的基本出行需求

《雅典宪章》明确了城市的四大功能：居住、工作、游憩和交通。"衣食住行"是城市公众最基本的生活需求，而城市公共交通解决的是人们的基本出行需求，是居民生活的必需品，是城市功能正常运转的基础支撑。城市居民对公共交通服务具有很大程度上的依赖性和使用"惯性"，要求公共交通服务必须体现稳定性、可靠性、普惠性及公平性，要能够满足不同收入、不同年龄、不同职业以及残疾人等各群体的多元化出行需求。

3）公共服务特征

公共交通是一种典型的公共服务，涵盖了多方面的特性。

从交通工程角度来看，公共交通服务具有服务对象的广泛性和服务方式的开放性等特征。公共交通是城市客运的主体，公共交通线路和各种服务设施遍布城市的各个区域，为各种职业、各个层次的居民提供普遍的客运服务。公共交通依靠每一名驾驶人、乘务员和其他服务人员在站台、车内，直接地、面对面地为乘客服务，整个服务过程公开、透明，直接置于乘客的监督之下。

从服务业角度来看，公共交通直接服务的对象是乘客，乘客参与并影响着公共交通服务的全过程，公共交通服务的舒适性、安全性、工作人员的服务态度等因素直接影响乘客的感受。

从公共产品角度来看，公共交通具有公用性和公益性的特征。其产品和服务是针对所有城市居民的，并不像普通产品的销售都有特定的消费群体，而且公共交通往往还需要承担一些社会公益义务。另外，公共交通也具有天然的垄断需求，其市场化和竞争程度相对较低。公共交通服务具有长期性和普遍性，其价格的形成和调整涉及大多数居民的利益，不可能随行就市，完全按照供需规律行事。

1.2 城市公共交通发展概况

1.2.1 发展历程

城市公共交通的发展历史可追溯到19世纪的欧洲。1819年巴黎出现了为公众提供租乘服务的公共马车,1870年伦敦开通了轨道马车,1905年纽约开始经营公共汽车,这些都是城市公共交通的先行。随着科学技术进步和工业发展,城市的交通工具和技术装备不断更新,公共汽车代替了公共马车,无轨电车、有轨电车代替了轨道马车。公共汽车的动力、容量、安全性和舒适性等,随着汽车工业的发展而发展,逐步成为城市公共交通的主体。20世纪50年代,有轨电车在一些国家的发展受到质疑,发展缓慢,美国和日本的一些城市甚至拆除轨道,停止其运营。但第二次世界大战以后,比利时和联邦德国先后对旧式有轨电车逐步地进行了技术改造,使它变成速度快、载客量大、安全、舒适的快速有轨电车。进入20世纪60年代,世界各大城市的交通需求增长很快,道路交通拥堵现象严重,促使地下轨道交通快速建设和发展。至20世纪末,全世界有40多个国家130多个城市修建了地铁系统。截至2017年12月31日,全球有56个国家178座城市拥有地铁线路共642条,总长13903km,运营车站11084个。其中,年客运量最大的是东京地铁,年客运量为34.6亿人次;线路总长度最大的是上海地铁,线路总长度为639km。城市轨道交通快速发展的同时,公共汽车客运交通的发展也有所突破。1974年,巴西库里蒂巴开通了世界上首个真正意义上的快速公共汽车交通(BRT)系统,其运力和服务水平接近轨道交通水平,但是造价和运营成本相对低廉,BRT系统随后在世界各国很快得到了推广。

我国第一条有轨电车出现在1906年的天津,随后上海、大连、北京等城市相继建成了有轨电车系统。1907年,青岛开通了我国第一条公共汽车路线。我国的第一个地铁系统是北京地铁,于1971年开始运营。至2019年,我国共有40个城市建成或部分建成地铁系统。2005年,北京建成了我国第一个BRT系统。至2020年,我国已有34个城市开通运营了BRT系统。

随着我国城镇化快速推进,城市公共交通的服务范围迅速扩大,网络不断延伸,并且以地铁、轻轨为代表的大、中运量公共交通的发展尤为迅速。截至2018年底,全国公共汽电车运营车辆数达到56.59万辆、运营线路总长度87.67万km、2018年总客运量635.65亿人次;轨道交通(地铁、轻轨等)运营车辆数3.40万辆、运营线路总长度5295km、总客运量212.77亿人次。

1.2.2 优先政策

第二次世界大战结束以来,不少国家由于工业发展迅速,城市规模不断扩大,人口增多,私人轿车、摩托车、自行车等交通工具迅速发展,城市道路交通流量激增。伴之而来的道路交通拥堵加剧、交通事故增加、噪声和空气污染日趋严重的现象,不仅浪费了能源,而且给公众出行带来了困难,职工上下班消耗在路上的时间越来越长。城市公共交通与小汽车等其他交通方式相比,具有运量大、人均占用道路空间少、能耗低、社会公平性强等特点,特别是具有专用通道的公共交通方式,运送乘客效率较高。因而优先发展城市公共交通不仅是解决城市交通拥堵的措施,同时也是节约能源、降低土地和其他资源消耗,改善城市环境,减少污染的重要途径。

国际上在优先发展公共交通的政策和制度支持上已有大量的实践。

(1)公共交通优先发展的立法支撑方面。美国在1961年首次制订了为公共交通提供单独法律条款的《住房法案》(Housing Act of 1961,HA – 1961),之后又根据不同阶段国家发展战略的不同要求,颁布了多部为公共交通提供法律支撑的法案;我国香港地区从战略、规划、运营多层次建立起了完善的立法体系框架,《长远运输政策白皮书——迈步向前》《香港运输政策白皮书——迈向二十一世纪》等从战略层面充分肯定了公共交通在城市发展进程中的优先地位。《香港城市规划标准与准则》则从城市规划层面落实了公交服务导向的土地开发模式。

(2)公共交通优先发展的财政支持方面。拓展资金来源渠道是维系城市公共交通稳定、长期发展的重要途径,世界各国政府公共交通财政来源主要分为一般税收、专项税收、基金账户和相关收费四类。专项税收最有代表性的案例出现在美国,美国城市公共交通近80%的运营成本补贴以及超过60%的公共交通投资成本都来自各级政府专门用来资助公共交通的固定资金,而这种固定资金的来源就是专项税收。美国的高速公路发展基金公共交通账户和新加坡的燃油准基金都属于基金账户;英国伦敦的拥挤收费、韩国首尔的交通诱发金和巴西库里蒂巴的住房开发附加费属于相关收费;此外,国际上许多公共交通发展较好的国家都建立起了多级财政资金保障体系,并通过法案和文件规定了国家各级政府所承担的相应比例,共同保障公共交通健康持续发展。

(3)公共交通优先发展的监管体制方面。以英美为代表的工业化国家和一些以后殖民地国家为代表的发展中国家的公共交通运营都逐步向由政府调控与市场机制相结合的公交监管体制发展。

进入21世纪以来,我国城市道路交通拥堵日趋严重,交通能源与环境形势也愈加严峻,这使得城市公共交通优先发展得到高度重视。2004年,建设部发布《关于优先发展城市公共交通的意见》(建城〔2004〕38号),逐步确立起公共交通优先在我国城市建设发展中的战略地位。2012年,国务院出台《关于城市优先发展公共交通的指导意见》(国发〔2012〕64号),指出:城市公共交通具有集约高效、节能环保等优点,优先发展公共交通是缓解交通拥堵、转变城市交通发展方式、提升人民群众生活品质、提高政府基本公共服务水平的必然要求,是构建资源节约型、环境友好型社会的战略选择。2013年,交通运输部出台《交通运输部关于贯彻落实<国务院关于城市优先发展公共交通的指导意见>的实施意见》(交运发〔2013〕368号),明确了落实城市公共交通优先发展战略的具体措施。至2015年,60%以上的中心城市出台了落实城市公共交通优先发展战略的实施意见及政策措施,公共交通优先发展理念逐步得到广泛认同。我国城市公共交通优先发展着眼于系统解决城镇化快速发展带来的交通拥堵、土地资源浪费、粮食与能源安全、人居环境恶化等问题,以促进社会公平和谐,推动实现城市交通和社会经济的可持续发展。

国家公共交通优先发展战略目标可概括为:通过实施公共交通优先发展战略,确立公共交通在城市交通中的主体和优先发展地位,建立与城市规模、环境、人口、经济发展相适应,多元化、多层次、高品质、高效率的公共交通服务系统,完善城市公共服务功能,保障公民出行权利;坚持公共交通导向的城市发展模式(Transit Oriented Development,TOD),引导城市发展模式和交通结构向集约化转变,实现土地集约利用、能源节约、环境保护和改善;提高城镇化质量,促进社会公平和谐,实现城市健康可持续发展。具体包括以下六个方面。

(1)城市发展。引导城市发展模式由"需求追随型"向"需求引导型"转变,引导城市交通结构向集约化转变,促进公交服务与城市形态发展的和谐,推动城市与交通协调可持续发展。

(2)城镇化发展。基本实现公共交通服务均等化,带动城乡一体化发展,促进城镇化质量提高。

(3)土地利用。基本建立城市公共交通引导土地开发利用的协调发展机制,保障城市公共交通用地,优化城市用地功能,促进土地的集约化利用。

(4)节约能源。控制城市交通总能耗,提高能源使用效率,促进能源节约。

(5)环境保护。控制城市交通污染物排放总量,提高污染物排放效率,促进城市环境改善。

(6)社会发展。基本实现城市公共交通出行保障功能,提高安全性和舒适性,减少交通事故,使出行者愿意选择公共交通出行,促进社会公平和谐。

总体来看,世界各国城市公交发展的制度、措施不尽相同,但其战略出发点可归纳为两点:一是保障公民权利,公共交通应为社会全体提供基本的机动性,使不同群体有公平的机会获取交通服务;二是支持城市可持续发展。

1.2.3 研究情况

对城市公共交通的研究工作,早已引起人们的关注和重视。1885年国际轨道运输联合会在布鲁塞尔成立,1939年改称国际公共运输联合会(UITP),专门从事公共交通领域中的技术、经济、管理等方面的研究,定期举行会议,交流经验。至20世纪80年代初,该联合会发展了近60个会员国,至2017年初,它已经拥有96个会员国。

美国公共交通合作研究计划(Transit Cooperative Research Programs,TCRP)是世界上知名的公共交通研究组织,于1992年成立。该组织定期发布公共交通研究领域的最新成果、报告,内容涵盖公共交通的规划建设、运营服务、管理维护、发展政策、车辆和设备、人力资源等。为国内学者所广泛熟知的研究成果为《公共交通通行能力和服务质量手册》(Transit Capacity and Quality of Service Manual,TCQSM),至今已出版至第3版,其中第2版、第3版已被译为中文。

我国在促进城市公共交通健康发展方面也开展了大量研究工作,相继出台了系列标准、规范、指南等,为科学地编制、审批、实施城市公共交通系统规划和设计,规范城市公共交通项目的建设和管理提供了技术指导。如《城市道路交通规划设计规范》(GB 50220—1995)、《城市公共交通经济技术指标计算方法》(CJ/T 5—1999、CJ/T 6—1999、CJ/T 7—1999、CJ/T 8—1999)、《城市公共交通分类标准》(CJJ/T 114—2007)、《城市公共交通工程术语标准》(CJJ/T 119—2008)、《快速公共汽车交通系统设计规范》(CJJ 136—2010)、《城市道路公共交通站、场、厂工程设计规范》(CJJ/T 15—2011)、《交通运输部关于印发〈城市公共交通规划编制指南〉的通知》(交运发〔2014〕236号)、《城市公共交通IC卡技术规范》(JT/T 978—2015)、《城市公共交通发展水平评价指标体系》(GB/T 35654—2017)等。

为了适应轨道交通、出租车交通的发展需求,规范设施规划建设和运营服务行为,《城市轨道交通技术规范》(GB 50490—2009)、《城市轨道交通工程基本术语标准》(GB/T 50833—2012)、《住房城乡建设部关于印发〈城市轨道沿线地区规划设计导则〉的通知》(建规函〔2015〕276号)、《城市轨道交通客流预测规范》(GB/T 51150—2016)、《城市轨道交通线网规划标准》(GB/T 50546—2018)以及《巡游出租汽车运营服务规范》(JT/T 1069—2016)、《网络预约出租汽车运营服务规范》(JT/T 1068—2016)等标准规范相继发布。

2019年3月1日,《城市综合交通体系规划标准》(GB/T 51328—2018)正式实施,应用了20余年的《城市道路交通规划设计规范》(GB 50220—1995)同时废止。

1.3 我国城市公共交通发展中的主要问题

改革开放以来,我国城市公共交通运输能力持续提高,运营车辆数不断增长,服务网络不断扩大,城市居民"乘车难"问题得到明显缓解。但10余年来,作为我国城市公共交通主体的绝大多数城市的公共汽电车运能快速增加并未带来实际客运量的同比例上升。根据中国城市统计年鉴数据,1994—2010年,全国公共汽电车运营车辆数年均增长7.32%,全年载客总量和年均公共交通使用次数分别增长4.65%和4.73%,而单车日均载客量下降2.49%。从2011年到2015年,全国营运公共汽电车总数与全年载客总量依然保持增长趋势,年人均乘坐次数和单车日均载客量则持续下降。2011年和2015年各项指标数据如表1-2和表1-3所示。这表明城市居民选择公交出行意愿的增长速度低于城市公交规模的增长速度,公交规模扩大对于提高城市居民公交出行意愿的影响减弱,而且随着城市公交规模的快速扩大,公交运营效益反而下降。以单车日均载客量指标为例,相比2011年,2015年全国平均值由458人次/(辆·d)下降至375人次/(辆·d),降低了18.1%,中小城市由424人次/(辆·d)下降至296人次/(辆·d),降幅达到30.2%。

2011年我国公共汽电车相关指标数据一览表 表1-2

统计范围	年末实有公共汽电车营运车辆数(辆)	全年公共汽电车客运总量(万人次)	年人均乘车次数[次/(人·年)]	单车日均载客量[人次/(辆·d)]
全国	367181	6137211	156	458
超大城市与特大城市	105696	2134202	224	553
大城市	197601	3014740	149	418
中小城市	63884	988269	104	424

2015年我国公共汽电车相关指标数据一览表 表1-3

统计范围	年末实有公共汽电车营运车辆数(辆)	全年公共汽电车客运总量(万人次)	年人均乘车次数[次/(人·年)]	单车日均载客量[人次/(辆·d)]
全国	471380	6449583	146	375
超大城市与特大城市	122681	2057025	193	459
大城市	241557	3233263	146	367
中小城市	107142	1159295	102	296

对我国城市公共交通发展中存在的主要问题的简要总结如下:

(1)对公共交通优先发展战略的重要性认识不足,相关保障制度尚未建立。

城市公共交通优先发展是经济社会发展的重要理念,是经济社会发展的整体效益最大化的要求,也是运用科学发展观指导城市交通发展的必然选择。其核心是提高公共交通的竞争力,引导出行者优先选择;其目标是保障均等机会出行,引导城市集约利用土地和节约能源、保护和改善人居环境,建设可持续发展城市;其性质是提供均等和高效的公共服务,满足大众的多样化需求;其手段是以市场配置资源为主,发挥政府的调控监管作用。

优先发展公共交通,切实有效地提高公共交通的吸引力,从而使其在与其他交通出行方式特别是与私人小汽车的竞争中减少劣势甚至获得优势,才可能使更多的人优先选择公交出行,真正实现公交服务的全民性,促进社会公平和谐。

目前公共交通服务尚未明确纳入国家基本服务范畴。在《"十三五"推进基本公共服务均等化规划》中,规定"基本公共服务范围,一般包括保障基本民生需求的教育、就业、社会保障、医疗卫生、住房保障、文化体育等领域的公共服务",未将公共交通服务纳入国家基本服务范畴。而国外发达城市和地区普遍将发展公共交通纳入国家、城市发展的战略层面考虑,并将公共交通作为政府应当向民众提供的一项基本服务。

我国国家层面尚未出台一部关于公共交通的法律。目前在国家及地方政府层面,往往是针对公交发展中存在的一些具体问题,研究提出相关政策,出台相关政策文件、法规和制度规定,未从系统层面统筹考虑公交优先政策及制度设计,导致出台公交规章制度、规定文件缺乏统一和明确的政策目标导向。

规划编制及管理体系不完善。公交专项规划的编制要求在法规层面并未明确。国内很多城市虽然已经开展了城市公共交通规划,但由于缺乏规划编制管理办法要求,公交规划编制组织、规划实施及监督均面临较大问题,未能充分发挥规划控制和引领作用。

公共交通市场机制不健全,票制票价体系及运营补贴机制缺乏合理的制定依据。《国务院办公厅转发建设部等部门关于优先发展城市公共交通意见的通知》(国办发〔2005〕46号)提出"形成国有主导、多方参与、规模经营、有序竞争的格局"的行业改革指导意见,但在随后各地政府推行的公交改革中,过多强调公益性而忽视市场机制作用。政府实行财政兜底,企业经营缺乏积极主动性,过度依赖财政补贴,而经营成本不断上升,补贴资金快速增长,财政负担日趋沉重,发展不可持续。政府与运营企业关系不明确,政府给予财政扶持,却对企业提供的服务缺乏"合同约定"。对公共交通服务监督的内容和方法不明确,缺乏制度规定和技术手段。

(2)公共交通的发展滞后于城市增长和有机更新,尚未与城市发展形成互动协调关系。

公交导向的城市发展模式虽已成为共识,但城市用地规划与交通规划协调机制不足,对城市用地规划、控制指标缺乏明确指导。以城市综合客运枢纽的规划建设为例,城市综合客运枢纽在布局上应与城市的主要活动中心、重要功能区和对外运输通道紧密结合,方便乘客集散和换乘,但我国多数城市的客运交通枢纽布局与城市功能区不相匹配,降低了公共交通系统效率,并衍生出大量不必要的交通负荷,同时对经济运营效率也有影响。以轨道站点建设为例,轨道交通站点与周边建筑缺乏衔接,缩小了轨道站点的覆盖范围,增加了使用公共交通的不便利。例如,北京中心商业区(CBD地区)站点出入口设置较少,且与周边建筑没有联系,而东京在其 $1.2km^2$ 的 CBD 范围内密集分布着近 120 个出入口,实现与周边建筑的有效衔接。

在公共交通发展与城市发展的关系中,由于缺乏制度保障,公共交通实质上仍处于被动地位。纵观全国,基础设施水平相对落后也制约了城市公共汽电车交通的进一步发展。各城市的公交场站建设均不同程度滞后于规划,场站供给难以满足新开线路及调整线路的需求。场站设施的供给不足与频繁变动,限制了公交线网的优化调整,严重制约着公交的服务水平和运营效率,影响公交企业的运营成本,长远来看影响公共交通的可持续发展。

另外,在公共交通内部,尤其是城市轨道交通与常规公交之间未协调发展。城市轨道交通作为城市公共交通系统的一部分,普遍建设较晚,且城市轨道交通的骨干线路多布设于城市内的重要客流走廊上。因此,城市轨道交通极易与走廊内早已形成的常规公交线路形成竞争关系。因此,在城市轨道交通建成后如何协调两者之间的关系,通过实现城市轨道交通和常规公交一体化协同服务来解决无效竞争,避免公共交通资源的浪费,提升公共交通系统整体服务品质和运行效率,成为我国城市公共交通发展中亟待解决的问题。

(3)公交企业的运力资源配置缺乏与客流的有效匹配,公交企业对服务品质的保障意识不强、力度不够。

优先发展城市公共交通战略实施以来,我国城市常规地面公交线路、场站等基础设施建设和财政投入逐年增加,而公交服务水平未有明显提高,公交客流量呈下降趋势,显示投入与产出的不平衡现象。公交企业在设计线路服务水平时,大多关注于运力供给量能否满足需求量的这种基本要求,而忽视乘客对于乘车舒适性、可靠性、信息可获取性和便捷性等服务质量方面的更高要求,导致实际公交车辆的运行过程中车辆拥挤,公交运营平稳性得不到保证,"串车""大间隔"等现象较为普遍,乘客的候车时间增加,公交的服务质量降低。尽管国家大力推进智能公交的发展,但重建设轻管理、重硬件轻软件服务、重外观效果轻实效应用,基础数据、业务链条、监测体系不完整,信息资源较分散、碎片化现象等问题,导致目前公共交通智能化整体水平仍较低,公交服务水平提升速度较慢。

此外,许多城市的公交企业的服务理念还处于服务的初级阶段,仅对驾乘人员进行简单的行车、收费等相关服务的培训,忽视对驾驶人在驾驶车辆过程中速度控制等意识的教育培训,未能从驾驶操作上尽量避免公交车相互超车、串车等现象的发生,以及尽可能保证到站准点率和车头时距稳定性。当然,道路交通的拥堵以及公交优先路权保障不力也是影响公交车辆运行、进而制约公交服务可靠性等服务质量提升的重要原因。

1.4 城市公共交通规划与运营管理的任务与主要内容

科学的城市公共交通规划与运营管理是推动公共交通优先发展战略实施、切实提升城市公共交通吸引力和承载力、提高公共交通服务品质和运营效益的技术保障。一方面,通过城市公共交通规划的编制与实施,综合调控公共交通系统的建设,实现有效供给;另一方面,通过对城市公共交通系统运行和运营的监测与管理,充分发挥公共交通系统的效能,满足合理需求。

1.4.1 城市公共交通规划的任务与主要内容

1)城市公共交通规划定位与基本任务

城市公共交通规划是城市综合交通规划的重要组成部分,是城市重要的专项规划之一。单独编制的城市公共交通规划应对城市综合交通规划中公共交通规划相关内容进行深化和细化,并与其他相关规划相互协调与衔接,其成果应纳入城市总体规划。

城市公共交通规划按规划期不同可分为:战略规划、远期规划和近期规划。

城市公共交通战略规划是在城市总体交通发展战略指导下,分析、检验并推荐城市公共交通发展模式,包括公共交通在综合交通体系中的定位、公交系统构成模式与功能组织模式等。战略规划中需要重点研究城市土地使用与公共交通之间的互动关系。

城市公共交通远期规划一般为20年左右,重点研究规划期内城市是否需要引进新的公交方式,确定公共交通系统内部结构,进行较完整的方案设计,包括公交线网、场站、枢纽等设施布局规划、公交车辆发展规划、公交优先系统规划、公交信息化管理与服务系统规划等。

城市公共交通近期规划通常研究3~5年内现有公交系统的调整和优化方案,找出现状系统存在的问题,分析问题成因、发展趋势,提出相应的对策措施。近期规划方案在适当的资金范围内一般可以较快地付诸实施。

规划考虑的期限越长,研究涉及的范围越广,相应采用的模型和得到的结果也更为宏观,因而有所谓"近期宜细,远期可粗"的规划原则。研究的范围还受到系统发展速度的影响,如图1-2所示。

需要说明的是,三个规划期限的界定是人为的,反映了人类认识客观世界的三个层次。人是规划的主体,这不仅体现了《雅典宪章》中指出的规划方案是为人类的活动而设计的,还体现在规划的过程是人完成的,是为人的决策服务的。规划是人的认识、意识和价值观的反映,是在人对未来预测的基础上进行的决策。

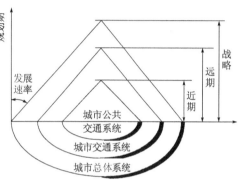

图1-2 规划期限与研究范围

2)城市公共交通规划的主要内容

城市公共交通规划的主要内容可表述为:根据城市规模、用地布局和道路网规划、各种公共交通方式的技术、经济和交通特性以及城市公共交通建设的承受能力,综合考虑社会、经济、交通、环境效益,在客流预测的基础上,合理确定城市公共交通方式、车辆数、线网、换乘枢纽和场站设施用地等,使各种交通方式协调发展,服务于乘客的不同需求,形成合理的城市客运交通结构。

任何一个城市的公共交通规划,都需要充分考虑城市的特点和性质,在全面系统的城市公共交通调查与分析基础上,根据城市总体规划、城市综合交通规划等上位规划确定的城市交通发展目标、战略及对城市公共交通发展的要求,拟定城市公共交通发展总体目标及具体指标,并在公共交通发展战略目标框架下,针对公共交通系统的现状问题和未来发展需求,系统地提出规划方案和建议,构建与城市发展规模相适应、与城市用地布局相协调、与其他交通方式良好衔接的安全、便捷、高效、舒适、管理有序的城市公共交通系统。

在实践中,城市公共交通规划一般包括以下四个方面的主要内容:

(1)基于城市发展与建设需要,明确公共交通在综合交通系统中的功能定位,制定城市公共交通发展战略及发展目标。

(2)通过对城市公共交通系统现状的调查分析,诊断现状存在的主要问题,结合城市公共交通发展战略及发展目标提出有效解决方案。

(3)优化城市公共交通网络、场站及枢纽布局,实现城市公共交通资源的合理配置,保障公交基础设施的有效供给。

(4)建立切实有效的城市公共交通规划实施保障体系,形成城市公共交通与城市用地和道路建设管理之间的反馈机制,促进城市用地与公交服务的有机融合。

3)城市公共交通规划的总体框架

系统理论与方法是现代城市交通规划理论的基础。系统分析是一种可以合理运用主观判断对弱结构化问题进行决策的方法。因此,希望依赖系统分析方法寻求一个简捷固定的规划模式是不现实的。规范化方法只能在特定的环境中,在实践经验的基础上暂时获得。就具体的问题而言,可能给出规划的框架或流程,并可以随着问题外延的缩小而更加具体。城市公共交通规划属于多目标决策问题,其决策符合多目标决策的一般过程。

完整的城市公共交通规划框架包括从规划目标分析、规划主体流程设计、规划主体内容设计、规划检验到规划实施的全过程。其中规划主体内容设计又包括交通调查、综合分析、方案设计和方案评价4个步骤(图1-3)。

规划目标分析是价值判断的直接体现,是规划工作的起点。一般考虑以下几方面的内容:

(1)规划的项目背景。

(2)规划依据,包括国家政策和地方发展战略。国外规划过程中一般非常注重目标分析的工作,目前我国的实践中往往对目标分析认识不足,趋于形式化,深度不够。

(3)规划的宗旨和原则,因规划项目不同,可能包括一般目标和特殊目标,要反映规划的思想方法、技术路线和应达到的要求。

规划目标按规划期可分为近期目标、远期目标和战略目标。典型的目标分析框图如图1-4所示。

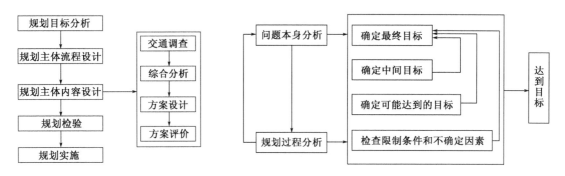

图1-3 城市公共交通规划框架　　　　图1-4 目标分析的过程

城市公共交通规划主体流程设计包括依据规划目标确定规划内容和规划策略。规划策略是指工作程序的模式,常见的有线性策略、循环策略、趋优策略、随机探索、适应性策略等。城市公共交通规划模型与方法中,公交客流预测中的一次最短路交通分配属于线性策略;分级或迭代交通分配方法属于循环策略;公交线网的调整属于趋优策略;路线搜索法属于随机探索;规划的滚动调整属于适应性策略等。

城市公共交通规划的主体内容一般包括交通调查、综合分析、方案设计和方案评价四个阶段。不同规划期对应的侧重内容不同(表1-4)。

城市公共交通规划的检验是规划流程中的一个重要环节。规划过程往往带有局限性,如规划中依据社会经济发展和城市总体规划进行需求预测,并按预测结果规划公共交通系统。而实际上公交系统本身对客运需求量有着很大的影响。因此,有必要对规划的过程进行检验。规划检验可分为规划实施前的事前检验和实施后的事后检验,常采用循环规划策略、适应性

(滚动调整)规划策略和逆向检验策略,逆向检验策略是一种相对简单而有效的规划检验方法,例如在方案设计后,由网络流量逆向推算交通分布量和生成量,与正向预测过程比较,检验规划过程的可靠性。

城市公共交通规划不同规划期的侧重内容　　　　　　表1-4

阶　　段	战略规划	远期规划	近期规划
交通调查	社会环境系统广泛的、重点性调查	土地利用、交通系统较为全面的调查	公共交通系统内较细致的调查
综合分析	预测分析,考虑系统外部平衡	预测分析和现状分析结合,系统内、外部平衡兼顾	现状分析考虑,系统内部平衡
方案设计	城市交通模式选择,重大交通项目规划	交通结构选择,主要项目与方案设计	局部调整,详细的方案与实施计划
方案评价	以社会、经济、环境综合影响评价为主	系统评价和社会经济评价	系统内部技术经济评价

规划实施是规划方案实现和发生作用的过程,它要求在规划中进行实施方案设计,即在方案评价比选的基础上得到推荐方案之后,还要对所推荐的方案计算各种指标和详细说明方案的特点,并制订实施计划。近期方案实施计划在说明和计划的内容上应具体明确,以便尽快付诸实施。实施方案应尽可能使得规划方案在节省资金的同时发挥最大效益。实施方案设计主要包括以下三个方面的内容:

(1)实施的内容。如线路实施、场站建设、设备配置、材料购置、技术经济政策、企业机制和技术改革与培训及援助等。

(2)实施的资金政策保障情况。

(3)实施时间计划表。

总之,城市公共交通规划包括从目标分析、规划主体流程设计、规划主体内容设计、规划检验到规划实施的全过程。其中规划主体部分又包括交通调查、综合分析、方案设计和方案评价四个步骤。与规划目标相联系,规划的内容和流程是灵活的。

1.4.2　城市公共交通运营管理的任务与主要内容

城市公共交通系统能否正常、有效地运行,取决于其能否良好地适应城市公交客流的时空分布。具体来说,城市公交系统的运行状况不但取决于道路、车辆和场站等基础设施条件,更依赖于科学合理的运营组织与管理。

公交线网是城市公共交通系统的核心基础设施,是城市公共交通服务的静态体现。公交线网的规划是以居民出行需求为根本依据,规划合理的公交线网应与居民出行的空间分布相适应。但值得注意的是,居民的出行需求是随时间变化的动态变量。根据静态需求编制的公交规划方案,难以完全满足居民出行需求的时间变化,因此,还需要充分发挥运营调度的时间调整作用,使得公共交通系统服务在时间上更加符合居民出行需求。

城市公共交通运营管理是对城市公共交通运营服务过程的计划、组织、实施和控制等各项管理工作的总称。城市公共交通运营过程由城市交通运输企业具体负责,根据城市公共交通行业管理机构对服务标准的要求,在掌握城市公共交通客流变化规律基础上,对其运营过程进行组织指挥和调节,形成有序的运营服务。

从公共交通行业管理角度来看,城市公共交通运营管理主要包括以下三个方面内容:

1)线路经营权管理

城市公共交通线路经营权管理,是指城市公共交通行业管理机构依照法定程序授予符合资格的企业经营者在规定期限内经营指定的公共汽电车和城市轨道交通线路的权利。规范的线路经营权管理制度,是城市公共交通行业准入和公平合理配置公共资源的基本制度,是城市公共交通行业管理机构加强运营监管的重要抓手,可以促进企业不断提高服务水平。包括线路经营权的准入管理、线路经营权的考核评议、线路经营权的退出管理。

2)日常运营服务管理

日常运营服务管理主要包括线网及线路管理、站点设置和管理、运营车辆管理、票务管理、行车作业计划管理、从业人员服务操作规范管理等。加强城市公共交通的日常运营服务管理,完善运营服务标准,督促运营企业不断提高公共交通服务质量,为乘客提供安全、便捷、经济、可靠的客运服务,是促进城市公共交通发展的基础和保障。

3)运营成本监审

运营成本监审是指政府有关部门通过合理界定企业运营收入和成本范围,建立公共交通行业单位成本标准,科学测算、审核和评价企业经营状况,并将运营成本以适当的方式向社会公开,促进公共交通企业进行成本控制、规范营收。同时,为政府部门评价公共交通行业经营状况,完善扶持政策提供依据,也是建立公共交通合理补贴机制的需要。包括明确运营企业成本相关项目的构成,统一规范企业主要收入、支出项目会计核算口径,确定公共交通行业成本项目的评价约束标准,制定成本费用分摊的原则和方法。

本书主要从企业为乘客提供高品质和高效率的公共交通服务角度,介绍公共交通运营组织与管理的基本知识。公交企业的运营管理包含两个主要任务:首先是运营组织方案与运营调度计划的制定;其次是运营调度计划的执行和监控。运营调度(Operation Dispatch)计划制定的核心工作是编制公交车辆运行时刻表(Operation Schedule),也称服务时刻表。运营是公交企业直接为乘客服务的工作,是公交行业一切活动的核心。公共交通运营组织与调度管理水平直接决定着其社会效益和经济效益。

复习思考题

1. 为什么"优先发展城市公共交通"被确立为我国城市与交通发展的国家战略?
2. 查阅资料,比较地铁、BRT、常规公共汽车三种公共交通方式的技术经济指标和运营组织特点。
3. 城市公共交通系统的长期规划与短期规划是两种不同的规划方式,其划分依据是什么?为什么要这样划分?
4. 城市公共交通运营管理规划的编制与城市公共交通短期发展规划的编制在内容和方法上有何区别与联系?

第 2 章
城市公共交通系统数据采集与分析

城市公共交通系统(Urban Public Transport Systems)是由若干种公共交通方式的线路、场站、交通工具及运营组织等构成的客运有机整体。我国《城市公共交通工程术语标准》(CJJ/T 119—2008)将公共交通方式(Public Transport Modes)定义为:按公共交通工具的类型和运行特性划分的各种客运形式。

城市公共交通系统中的各种公共交通方式相互配合,以不同的速度、运载能力、舒适程度和价格为乘客服务。从系统规划、建设和管理角度看,城市公共交通系统是由人-车(公共交通工具)-路(途径、交通线路)三方面共同组成的,既包括硬件(设施、设备),也包括软件(技术、政策),有着整体、综合和动态的内部关系,并且与城市交通和城市社会经济环境密切关联,具有多变量、多目标、多层次、多属性等特点。

为了有效地管理、监督公共交通系统的运营,进行经济分析和发展规划,必须收集全面精确的数据资料。数据资料主要包括两大部分:一是公交系统所服务的城市或区域的社会经济资料、土地利用资料、交通设施资料、居民出行资料,其中,城市社会经济资料主要包括行政区划,人口与就业(总量、构成、分布、增长状况等),国民经济(地区生产总值、人均 GDP、居民人均收入、投资状况等),产业状况(三次产业结构、主导产业、产业布局等),统计年鉴等;城市土地利用资料主要包括现状及规划年各类城市建设用地的规模、布局等,城市发展方向、空间演变历程及趋势,城市周边区域现状和规划的土地利用开发状况等;城市交通设施资料主要包括城市对外交通线网以及场站等级、规模、布局和功能,道路设施、公共交通设施、慢行交通设施以及停车设施等的布局、规模等；居民出行资料的调查期应在近5年之内，超出5年的需要重新组织调查。二是公交系统不同公交方式的运行管理模式，线网布局与运力配置，票制票价与经营状况，客流特征及服务水平等运营资料，以及公交车辆投入和更新机制、公交场站等基础设施建设投入和维护机制、公共交通财政补贴与补偿政策等有关公共交通发展的政策。

本章重点梳理了用于分析城市公共交通系统性能状况的基本数据，这些数据包括公交系统服务区域特性，公交系统的物理要素，公交系统可提供的服务，公交客流量、客运量与客运周转量等，最后简要介绍公交运营数据的人工和自动化采集方法。

2.1 公交系统服务区域特性

公交系统服务区域的特性可从其面积、人口、人口密度及分布、土地利用、地形与气候特征等相关数据展开描述。

(1) 服务区域面积。服务区域面积(km^2)是指需要公交系统提供服务的区域面积，它可以是城市的面积，现在一般是指都市区的面积。在许多情况下，公共交通系统有指定的服务区域，这个区域可以与行政分区严格一致，也可以不按行政区域划定。

(2) 服务区域人口。服务区域人口是指公交服务区域的常住人口，这项数据是城市或区域规模的基本指标，城市可以按该数据分为小城市、中等城市、大城市和特大城市几种类型。

《国务院关于调整城市规模划分标准的通知》（国发〔2014〕51号），以城区常住人口为统计口径，将城市划分为五类七档，具体划分标准见表2-1。这里城区是指在市辖区和不设区的市，区、市政府驻地的实际建设连接到的居民委员会所辖区域和其他区域。常住人口包括：居住在本乡镇街道，且户口在本乡镇街道或户口待定的人；居住在本乡镇街道，且离开户口登记地所在的乡镇街道半年以上的人；户口在本乡镇街道，且外出不满半年或在境外工作学习的人。其中，城区常住人口在50万~100万的城市为中等城市，100万~500万的城市为大城市，500万~1000万的城市为特大城市，1000万以上的城市为超大城市。

我国城市规模划分标准　　表2-1

城市类型		城区常住人口规模（万人）
超大城市		>1000
特大城市		500~1000
大城市	Ⅰ类大城市	300~500
	Ⅱ类大城市	100~300
中等城市		50~100
小城市	Ⅰ类小城市	20~50
	Ⅱ类小城市	<20

这种以服务区域人口数量为依据进行的城市分类，对于分析城市的公共交通需求特征是十分必要的。城市人口规模在很大程度上决定着城市的活动模式、活动强度和各类出行需求的总量及其分布。但这种分类在不同的国家和地区其具体的数值是不一样的，因为城市的特性——历史文化、自然气候条件、地形地貌、空间形态与土地利用等特征，都会影响城市活动的类型、居

民生活方式和不同交通方式在城市中的作用。在北美地区,人口数在25万~150万之间的城市被划定为中等城市,而在欧洲,人口数在10万~80万之间的城市被划定为中等城市。

(3)人口密度与分布。人口密度(人/km²)是公交服务区域人口数量与面积的比值,反映活动强度,是活动强度的总体指标,包括居住、就业和其他活动。为了进行更加详细的分析,人口密度可以分为居住密度、就业密度,商业零售活动的强度可以由零售店的面积反映。在分析人口密度差别很大的地区时,通常分三种不同的区域:中心商业区(CBD),中心城区,郊区(城市中心区以外的城市化地区)。

由经验可知,城市内人口密集经济发达的商业中心区域,其公交网络服务水平通常相对较高,其对公交服务的需求水平也较高;城市内人口密度较低、以厂矿用地为主的郊区,其公交网络服务水平和需求都相对较低。南京市的研究表明,交通区的公交出行发生吸引强度与人口密度之间具有较强的相关性。交通区的公交出行发生吸引强度的定义为交通区公交出行起讫点(OD)总量与交通区面积之间的比值。图2-1是南京市各交通区中人口密度x与公交出行发生吸引强度y的回归分析曲线,两者线性相关,回归方程为$y = 904.02x + 336.68$,回归方程的相关系数R为0.97。人口密度越高,公交发生吸引强度也就越高,则其公交出行需求也高。

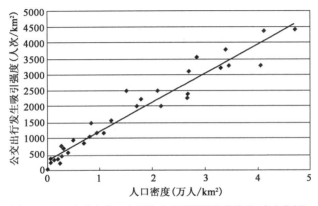

图2-1 人口密度与公交出行发生吸引强度相关关系(南京案例)

(4)城市的土地利用、地形与气候特征等相关数据。这些数据主要包括土地利用类型、主要活动走廊、地形地势、河流、湖泊或海岸线及一个地区的其他地理要素。狭长的活动走廊、穿越河流或者海湾会造成对大容量公交方式的需求。例如:美国旧金山海湾地区(BART),我国香港、重庆、武汉、南京等城市使用大运量轨道交通系统提供跨越水域的大容量连接。德国城市伍珀塔尔(Wuppertal)在其活动密集的山谷地区设置的悬挂式轨道系统已有百年历史,世界知名。该系统建于1901年,列车轨道全长13.3km,日载客量超过70000人(图2-2)。

公共交通所服务区域的基本的气候特征数据包括年均降水量、年均降雪量、平均气温和它们的季节波动及变化范围。天气对于人们的交通方式选择有着显著影响,一个城市的交通系统构成、居民的出行方式结构与其气候特征也有着密切的联系。有兴趣的读者可以查阅相关研究文献。

城市中心商业区和其他主要的活动中心是公交网络的集中地区。就业岗位数量、办公面积、零售业面积以及主要交通发生源(如大学校园、医院、体育馆)等的相关信息与公交系统的形式和作用关系密切。中心商业区的路内和路外停车位的数量不仅对交通方式分担和拥挤状况的评价很重要,而且停车场会对中心城区的环境和宜居度造成负面影响。城市对外交通枢纽场站(机场、火车站、长途汽车客运站等)的布局、选址与规模等信息很重要,因为公共交通是每个城市城际出行的主要客流集散方式。

图 2-2　德国伍珀塔尔山谷地区悬挂式列车

总体来看，城市规模与人口密度越大，公共交通应该起的作用越大。对于公共交通方式来说，人口密度低的地区可由辅助性公共交通方式和道路公交方式来提供服务；随着城市规模和人口密度的增大，对轻轨、地铁等快速轨道交通方式的需求及其经济可行性都相应提高。这是因为不同公共交通方式有不同的技术经济特性和服务适应性，如图 2-3 所示。各种公共交通方式的客运能力、运送速度、运营成本与收入特性等，决定了其各自不同的服务范围。

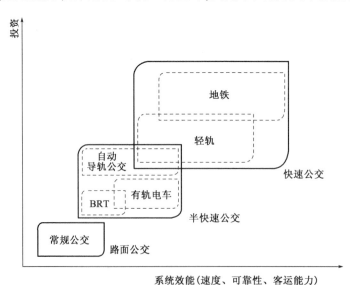

图 2-3　不同公共交通方式的技术经济特性对比示意图

注：资料来源于美国交通工程师协会（ITE）《交通规划手册》第 16 章公交规划（图 16-5）。

2.2 公交系统的物理要素

描述公共交通系统的组织和特征的信息条目及统计数据可以归为两类:物理要素和运营服务要素。本节主要讲述物理要素,下一节介绍运营服务要素。

物理要素即公共交通系统的基本设施与设备,主要包括公交线路、网络、车站、车辆等。不同的公共交通方式之间物理要素差别很大,因此,公共交通系统的所有统计数据和描述性信息都应分方式给出。下面列举了关于公共交通系统物理要素的主要信息条目和统计数据。

1) 每一种公交方式的线路和网络

一般按公交路权种类和公共交通工具的类型划分公共交通方式,如具有完全独立路权的地铁、轻轨、单轨等,具有部分独立路权的现代有轨电车、快速公共汽车交通(BRT),无专用路权的道路公交等。

在《城市公共交通工程术语标准》(CJJ/T 119—2008)中,基于不同公交方式的车辆额定载客量、线路运营组织和运行条件(如配车数以及与路权情况密切相关的车辆最大发车频率)所形成的客运能力水平,将公共交通方式划分为常规公共交通(Regular Public Transport)、中运量公共交通(Medium-carrying-capacity Public Transport)和大运量公共交通(Large-carrying-capacity Public Transport)。

常规公共交通是单向客运能力小于 1 万人次/h 的公共交通方式,一般指公共汽车交通和无轨电车交通等客运方式。中运量公共交通是单向客运能力为 1 万~3 万人次/h 的公共交通方式,一般指轻轨交通、单轨交通和快速公共汽车交通等。大运量公共交通是单向客运能力大于 3 万人次/h 的公共交通方式,一般指地铁交通。所谓单向客运能力(One-way Carrying Capacity),是指单位时间内从单方向通过线路断面的客位数上限,即车辆(列车)额定载客量与行车频率上限值的乘积,计量单位为人次/h。

应按公共交通方式的类别,分别给出其线路与网络信息。公交线路是城市公共交通中运营车辆沿固定线路和车站运行的通路(或称路径)。公交网络,也称公共交通线路网,是指在公共交通服务区内布有公共交通线路的道路组成的网络。主要统计数据包括:各种方式的线路数量、各种方式的线路长度、各种方式的网络长度。如果有的公共交通方式有多种路权等级,网络长度应该给出不同路权等级的路线长度。例如,有些城市的轻轨系统,它的大部分线路是在道路的中央分隔带上或者采用其他独立的路权方式,有些在隧道中或高架上(完全独立路权),但是有些线路是在街道上。因此,为客观准确地描述系统的运营特征,应以公里数或者百分比的方式给出每一种路权等级的网络长度比例。

2) 每一种公交方式的车站数量、分布及站点设施

公交站点的数量、分布、密度以及站点设施等,直接影响着公交运营特性和所提供服务的特征。

(1) 平均站间距。一般而言,较长的车站间距可提高公交车的平均运营速率,并减少乘客因停车造成的不适,但会使乘客从出行起点(终点)到上(下)车站的步行距离增大,并给换乘出行带来不便;站间距缩短则反之,如图 2-4 所示。最优站间距确定的目标是使所有乘客的"门到门"出行时间最小。

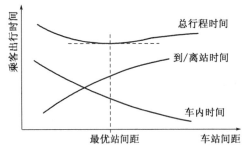

图 2-4 乘客出行时间与站距的关系基本图式

(2)公交站点覆盖率。通常包括公交站点服务面积率和服务人口率两项统计指标。公交站点服务面积率是将公交服务覆盖区域的面积除以公交服务区域的总面积得到的比值,以百分比的形式表示。服务人口率是将公交服务覆盖区域的人口数除以公交服务区域的总人数得到的比值,也是以百分比的形式表示。这两个百分数反映公交系统对公交服务区域和服务人口所提供服务的情况。

其中,公交服务覆盖区域的面积通常是指以公交车站为圆心,以 300m 或 500m(相当于 5min 或 10min 路程)为半径的圆的面积。计算公交服务覆盖面积时要注意是每个站点服务面积的总和减去重复的面积,另外,由于常规地面公交和城市轨道交通系统的服务性能差异显著,公交服务覆盖面积应该区分常规公交和城市轨道交通。

公交站点覆盖率是反映城市居民接近公交程度的一个重要指标。我国众多政策文件中均有具体要求,如《国家基本公共服务体系"十二五"规划》确定的城市交通出行基本公共服务范围是"城市建成区公共交通全覆盖";《国务院关于城市优先发展公共交通的指导意见》(国发〔2012〕64 号)提出"大城市要基本实现中心城区公共交通站点 500m 全覆盖"的目标。

《城市综合交通体系规划标准》(GB/T 51328—2018)提出,一般地面公交站点服务面积按 300m 半径计算时,站点覆盖率不应小于城市用地面积的 50%,按 500m 半径计算时,不应小于 90%。同时提出中心城区集约型公共交通站点 500m 服务半径覆盖的常住人口和就业岗位,在规划人口规模 100 万以上的城市不得低于 90%。

关于集约型公共交通服务对城市人口和就业岗位的覆盖率指标值,从国内外发展经验看,香港实现了公交走廊 500m 范围内 90%的人口和就业岗位覆盖率。而国外对于覆盖性提法较少,更多关注 TOD 导向下的人口密度要求,比如,*Effects of TOD on Housing Parking and Travel*(TCRP Report 128)中对北美 TOD 发展的特征进行了总结,其中对最小居住密度进行了规定;阿特金斯公司通过对国外城市数据的分析,总结了不同公共交通方式下走廊沿线商务商贸中心人口密度和居住区人口密度;TCQSM 中给出了对于公交服务覆盖的 5 类服务水平,其中实现区域人口 90%的覆盖率为最高水平。

基于我国人多地少、城市用地开发强度普遍较高的实际情况以及节约集约用地的发展政策,对于规划人口规模达到百万以上的大城市取不低于 90%的高水平覆盖率,是有其现实需求的。而百万人口以下的中小城市因出行距离短,步行与自行车交通相对发达,人口覆盖率可适当降低。集约型公共交通服务未覆盖的低强度开发地区的人口和就业岗位,鼓励发展灵活的辅助型公交提供相应的公共交通服务。

(3)公交站点的驻车换乘(P+R)和自行车换乘(B+R)设施。公交站点设置停车换乘设施的目的主要有两个方面,一是扩大公共交通系统的服务范围,二是调控进入城市中心区的小汽车交通,以缓解中心城区的交通压力和交通拥堵。停车换乘设施的建设与使用情况,一方面反映了居民获得公共交通服务对于小汽车和自行车的依赖程度,另一方面反映既有公共交通系统服务乘客出行的能力和水平。

通常区域铁路系统拥有数量最多的驻车换乘设施,地铁和轻轨系统也布设有驻车换乘设施。例如旧金山 BART、华盛顿地铁、纽约区域铁路系统在站点周围拥有数以万计的驻车换乘停车位。地面公交系统只有在快速服务的线路上或者中心城区停车受到限制时,才提供驻车换乘设施,例如BART未覆盖的旧金山郊区。

自行车换乘设施比驻车换乘设施更加经济,消耗的空间更少。居民采用"公共交通 + 自行车"的出行模式也是更"绿色"的一种出行方式,虽然对个体而言舒适性可能不高,对天气的依赖程度也比较高。目前,这种出行模式在许多自行车广泛使用的发达国家大量使用,例如丹麦、荷兰、日本。日本几乎所有拥有地铁和区域铁路网络的城市都系统地投入了大量的资金修建自行车换乘设施。

我国对于公交车站的停车换乘设施的规划建设也高度重视,在相关规范标准中,对公交车站换乘设施的配置都提出了相应要求。如《城市综合交通体系规划标准》(GB/T 51328—2018)第9.3.6条:城市轨道交通站点衔接换乘设施配置应符合表2-2所示的规定。《快速公共汽车交通系统设计规范》(CJJ 136—2010)第3.3.5条:快速公交车站和周边行人、非机动车系统应统一设计,宜根据需求设置非机动车停车区域;第3.3.6条:首末站和大型换乘枢纽宜根据需求设置驻车换乘的停车区域。《城市道路公共交通站、场、厂工程设计规范》(CJJ 15—2011)第2.1.4条:对有存车换乘需求的首末站,应另外增加自行车、摩托车、小汽车的存车用地面积。

城市轨道交通站点衔接换乘设施配置 表2-2

站点类型		外围末端型	中心型	一般型
换乘设施类型	非机动车停车场	▲	△	▲
	公交停靠站	▲	▲	▲
	公交车首末站	▲	△	△
	出租车上落客点	▲	△	△
	出租车蓄车区	△	—	—
	社会车辆上落客点	▲	△	△
	社会车辆停车场	△	—	—

注:▲表示应配备的设施,△表示宜配备的设施。

(4)公交站点的设置形式和泊位数。在道路上运行的公共汽(电)车站点的设置形式主要有港湾式或直线式,对公交能否顺畅运行有着直接影响。公交站点泊位数直接决定了公交车能否及时停车进行乘客乘降。泊位数不足时,在高峰时段,一辆公交车在到达停靠站时往往会出现泊位已满的情况,车辆不得不在站外等待,就会造成一定的延误。

3)每一种公交方式的车辆数量与车型结构

公交车辆数量(车队规模)和各类车辆占比的统计对于公交服务能力、公交客运能力利用率等各种技术经济指标分析都很重要,总体上反映了公共交通系统的规模。运营车队的规模除以公交网络长度(网络上每公里或者线路上每公里运营的车辆数量)反映了运营服务的密度。各种公共交通系统服务能力和服务效率测算均是以客运量和客运周转量与车队规模的关系为基础的。

公交车辆的数量应该分方式和分类型给出,包括各类车辆的基本特性,如动力装置的类型(柴油机、电力和其他)、车体类型(单节或者铰接、单层或者双层、常规底盘或者低底盘等)、容量(座位数和车厢内乘客可站立的总面积)、平均车龄、列车单元大小等。

需要特别注意公交车辆的容量与额定载客量的区别与联系。一种公交方式的车辆额定载客量大小,首先受限于其车辆容量,同时又与规划与运营层面设定的乘客乘坐公交的舒适性指标和标准密切关联。额定载客量是车厢内座位数和额定站位数之和,也称客位数。如表2-3所示不同站席密度指标下,乘客感受到的拥挤情况差异。

不同站席密度条件下的乘客拥挤状态评价　　　　　　表2-3

站席密度(人/m²)	乘客拥挤情况	评价标准
3	乘客可以自由流动,十分宽松	舒适
4	平均每位乘客占有0.5m×0.5m的空间, 有较大宽松度,乘客可以看书报	良好
5	平均每位乘客占有0.5m×0.4m的空间, 有一定宽松度,部分乘客可以看书报	良好
6	平均每位乘客占有0.5m×0.33m的空间,感到不宽松、 不拥挤、稍可活动,是舒适度的临界状态	临界状态(定员标准)
7	平均每位乘客占有0.47m×0.3m的空间, 感到有些拥挤,站席范围有些突破	有些拥挤

4)公交车场的数量、分布与用地面积

公共交通停车场、车辆保养场、整流站、公共交通车辆调度中心等设施是城市公共交通系统的重要组成部分,是保障公共交通系统正常运营的"后方基地"。应统计各类公交方式的车场数量、分布与用地面积,分析其与城市公共交通发展需求的匹配情况。

2.3 公交系统可提供的服务

描述公交系统可提供的服务的基本数据包括:提供服务的车辆数、速度、发车间隔。

1)提供服务的车辆数

各种公共交通方式在高峰期和非高峰期运营的车辆数以及不同运营车辆的额定载客量,反映了各种公共交通方式在高峰期和非高峰期分别可以提供的服务能力。

2)线路运营速度和运送速度

公交线路的速度按照统计范围的差异,可分为运营速度和运送速度。

运营速度为线路周长与运行周期之比,即统计范围为车辆往返线路的全过程,线路周长为上下行线路总长度,运行周期包括上下行运行时间,上下行终点掉头和停站时间。设定终点掉头和停站时间的目的是:车辆换向或改变车头,车组人员休息,时刻表调整(保持发车间隔的均匀),抵消行程过程中的延误。

运送速度为线路长度与单程载客时间之比,也称旅行速度,即统计范围为车辆的单程运行,仅考虑单方向的线路长度和运行时间,是公交车辆在营运过程中,考虑站点、交叉口等影响下的平均速度。

两者的利益主体不同,运营速度的大小直接影响某一服务水平所需的公交车辆数,进而决定公交线路的投资和运营费用,对于运营者最为重要;而运送速度用于分析公交系统的整体运行效率,反映公交乘客出行快捷程度,是评价公交服务性能的基本要素之一。

下面以一个算例说明上述两种速度的区别。

假设某公交线路上行和下行的线路长度均为10km,某班次完成上行方向线路的总时间为40min,不考虑交叉口或是站点等延误影响下的行驶时间为25min,在线路终点站掉头和停留时间为5min,完成下行方向线路的总时间为50min。那么:

(1)上行方向的运送速度 = 10/(40/60) = 15km/h。
(2)下行方向的运送速度 = 10/(50/60) = 12km/h。
(3)线路的运营速度 = (10 + 10)/[(40 + 5 + 50)/60] ≈ 12.6km/h。

一般来说,运送速度依赖于路权等级、车站间距和运营方式。地铁等快速公共交通系统拥有高等级独立路权、较长的车站间距、快速乘降设备,其运送速度通常是常规地面公交的2~3倍,轻轨、BRT、现代有轨电车等系统的运送速度介于两者之间。

若要计算公交网络的平均运送速度,则应以不同线路上提供的服务量为权重计算加权平均数。权重的单位是车辆·公里或者载客量·公里,也就是每条线路的服务工作量。

3)线路发车间隔

线路发车间隔是反映公交服务质量的另一重要数据。发车间隔指的是同一线路的相邻两车次驶离起点站的时距。发车间隔过大,则可供乘客出行选择的车次很少,等车时间较大;发车间隔过小,则公交企业所需配置的车辆数上升,成本增加。所以要根据客流水平和服务要求设置合理的发车间隔。

TCQSM中将发车间隔指标分为6个等级,如表2-4所示。

TCQSM对发车间隔指标的划分　　　　表2-4

发车间隔(min)	服务水平	特征
≤5	A	服务频率高,乘客无须关注具体时刻表
>5~10	B	
11~15	C	服务频率较高,但乘客通常依据时刻表计划个人行程来使等车时间最少
16~30	D	乘客一般都要依据时刻表计划个人行程来使等车时间最少
31~59	E	发车间隔较大,乘客必须依据时刻表计划个人行程来使等车时间最少
≥60	F	发车间隔最低标准,满足基本乘客需求

由表2-4可知,发车间隔≤5min为A级水平,服务频率高,乘客无须关注具体时刻表;5~10min为B级水平,服务频率仍较高,乘客无须关注具体时刻表;11~15min为C级水平,服务频率较高,但乘客通常依据时刻表计划个人行程来使等车时间最少;16~30min为D级水平,乘客一般都要依据时刻表计划个人行程来使等车时间最少;31~59min为E级水平,发车间隔较大,乘客必须依据时刻表计划个人行程来使等车时间最少;超过60min为F级水平,此时已为发车间隔最低标准,满足基本乘客需求。

运行间隔(也称车头时距)是线路上某一方向上相邻两个运行的公交车辆通过某一固定点的时间间隔,车辆运行图中通常用分钟表示,通行能力和客运能力分析时则常用秒来表示。单位时间内通过公共交通线路某个断面点的公交车辆数定义为服务频率f,服务频率是运行间隔的倒数。

根据发车间隔或发车频率的大小,公交线路常常被区分为高频服务线路和低频服务线路。TCQSM以车头时距10min为界限划分低频和高频服务,并采用不同的指标衡量服务可靠性:

将发车间隔大于10min的线路界定为低频线路,将发车间隔小于10min的线路界定为高频线路。

低频服务线路一般需要提供时刻表,TCQSM用相对于时刻表的准点率来衡量服务可靠性。准点定义为与时刻表的偏差在0~5min之内,即比时刻表迟5min以内都认为是"准点"。准点率定义为准点趟次占总趟次的比例。将行车准点率指标分为5个等级:≥95%为A级水平,大约是两周内晚点一个班次;90%~94%为B级水平,大约是每周内晚点一个班次;80%~89%为C级水平,大约是每周内晚点两个班次;70%~79%为D级水平,大约是每周晚点三个班次或每天晚点一个班次;<70%为E级水平,公交服务极度不可靠。对于高频服务线路,TCQSM定义的可靠性指标是车头时距变异系数(C_{ov}),即车头时距的标准偏差与车头时距的期望值(计划车头时距)的比值。

可靠性是衡量公交服务质量的基本指标之一。改进公交服务的可靠性对于提升公交满意度、增强公交吸引力具有极为重要的作用。公交服务可靠性不足,将导致乘客等车时间长、车内过度拥挤。对于公交运营企业而言,服务不可靠必然会降低公交路线运营效率和增加成本,还会进一步导致乘客需求流失,收益减少。

2.4 公交客流量、客运量与客运周转量

1)公交客流量

公交客流量是指在一定时间内,沿某方向通过某线路断面的乘客数。计量单位一般为:人次/h。所谓线路断面,是指为测量客流量而选取的线路上相邻两个站点之间的路段断面,也称客流断面。线路上客流量最大的断面,称为最大客流断面,简称为高断面。在高峰时间内,线路上客流量最大的方向,称为客流主流向,简称为高单向。在一条线路的高断面上,高单向客流量与双向客流量的平均值之比,称为客流方向不均衡系数。在一条线路上,高断面客流量与其他断面客流量的平均值之比,称为客流断面不均衡系数。在一条线路的高断面上,高峰小时客流量与其他小时客流量的平均值之比,称为客流时间不均衡系数。分析线路的客流断面不均衡系数、客流方向不均衡系数、客流时间不均衡系数等指标,可以了解一条公交线路的客流随地点、方向和时间变化的特征,可通过进一步分析掌握乘客出行规律。

2)公交客运量

公交客运量是指在某个统计期内[如1年、1月、1日(1d)、1小时(1h)等]运送乘客的数量。计量单位:人次。一个乘客乘公共交通工具一次,称之为1人次。

3)客运周转量

客运周转量是指在统计期内所有乘客乘行距离之和。计量单位:人公里。简单地说,客运周转量是站点间客流量与对应的乘行距离乘积的总和。下面举一个算例说明。

设某线路上站点i和站点j之间的线路长度为l_{ij},客流量为q_{ij},则该线路的客运周转量PPK为:

$$\text{PPK} = \sum l_{ij}q_{ij} \tag{2-1}$$

假设某线路下行方向的站间距(单位:km)以及一日内的站点间客流量(单位:人次/d)如图2-5所示,则该线路下行方向1d内的客运周转量为:

$$PPK = \sum l_{ij}q_{ij} = l_{12}q_{12} + l_{23}q_{23} + l_{34}q_{34} + l_{13}q_{13} + l_{24}q_{24} + l_{14}q_{14} = 10800 \text{ 人} \cdot \text{km}$$

在一个统计期内,公交系统或某种公交方式的客运周转量与客运量的比值,称为平均运距,从乘客角度来看,也就是所有乘客乘行距离的平均值,即平均乘距。计量单位:km/人次。

客运周转量可以按公交系统总体或按分方式单条线路、全部线路(网络)分别计量,反映了公交系统或某种公交方式全部线路或单条线路实际完成的客运工作量。

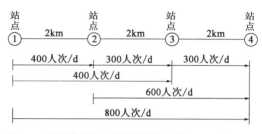

图 2-5 某线路下行方向站间距及站点间一日客流量

为分析公交系统客运能力的利用水平,将单位时间(1h)内公交客运周转量与客位里程之比,定义为运力利用率(Carrying Capacity Utilization Rate,CCUR),该指标是公交系统运营效率的一项测度指标,用公式表示为:

$$CCUR = \frac{PPK}{SK} \times 100\% \tag{2-2}$$

式中:CCUR——运力利用率,%;
　　　PPK——客运周转量,人公里;
　　　SK——客位里程,即运营车辆的客位数与载客里程的乘积,表示为乘客提供的运送能力,客位公里;其中,载客里程是指运营车辆根据调度计划可以载客的行程。

2.5 公交运营数据采集方法

2.5.1 人工采集数据

人工采集数据通常分为站点调查、跟车调查、空驶调查、乘客调查和公众调查5类。

1) 站点调查

站点调查通常是指核查员在某个公交站点进行的观测和统计。对于经过站点的每一辆车,站点调查通常包含车型、上下车人数、到达和离开时间,以及确定车辆所属的线路。除了高峰站点外,其他的核查地点包括多峰站点、终点和关键点。多峰站点调查适用于同时有多个高峰点的情况,同时也适用于长线和支线的情况。这里的支线指在基本线路上的延伸线路。终点调查适用于测量运行时间并记录售票数据。关键点调查对于特定内容的检查十分有用,比如在主要换乘点观测换乘时间和成功会车时间,或者在主要活动中心观察乘客在选择竞争模式中的行为,以及在新的居民区观测乘客需求的变化。

2) 跟车调查

跟车调查是指由调查人员或采用自动化设备在整条线路上进行的调查。跟车调查的主要内容是统计上下车乘客数,通过这种方式能够得到每一路段的车上载客量、车辆在每个站点的到达和离开时间,以及特定项目的调查或测量数据(车辆运行速度、票价类别、乘客性别和行李大小等),并记录售票数据。跟车调查中常用的自动化设备叫作自动乘客计数器(APC),它可以执行主要的跟车调查任务,但在票价类别度量和乘客调查中,不能取代调查人员的作用。

3）空驶调查

空驶调查是指调查车辆在一条线路上的到达点和另一条线路的出发点之间的平均运行时间。空驶时间是由于跨线调度而产生的，它由运行在两条线路终点之间最短路径上的公交车辆的行驶时间来确定。最短路径则根据每天的不同时刻以及每周中的不同天而各不相同。

4）乘客调查

公交乘客调查是一项基本的调查活动。其调查方法主要包括车上调查、中间站调查、首末站调查和信函调查等，最常见的方式是车上调查。所有的调查由公交企业的调查员或驾驶人，或经过培训的工作人员以发放表格的形式来对乘客进行问卷调查。调查通常分为一般调查和特殊目的调查。在一般调查中，可以得到多种类型的信息，如 OD 数据、出行模式和距离、出行目的、出行线路的选择、支付的车费、支付方式、每天的乘车频率，以及社会地位和经济状况等。特殊目的的调查旨在得到某种特定类型的信息，如 OD 信息、对线路变化的选择、换乘、月票的使用、对可能变化的票价的态度、不同票价种类的比率（成人、学生、免票证、换乘和特殊票价）等。

5）公众调查

一般来说，公众调查是指对某个地区的家庭、商店或工作地来进行调查。这些调查通常是以采访为基础，涉及使用和不使用公共交通的人群，目的是获取公众对公交线路变更（包括对家庭住址选择的影响）、票价变更，以及交通和土地利用项目的态度和意见。对公交使用者和非公交使用者的采访也可以解决很多关键问题，包括潜在的出行需求、市场划分、市场机会和对新的公交相关措施的建议等。

公众调查问卷案例如图 2-6 所示。

图 2-6　公众调查问卷案例

2.5.2 自动采集数据

根据数据来源不同,需要采用不同的采集技术,其中主要有客流量采集技术、车辆定位数据采集技术和道路交通流数据采集技术三大类。

1)客流量采集技术

客流量采集技术的不断发展,不仅实现了动态采集,还采集到了更多信息内容,由最开始的仅仅记录上车人数,过渡到记录上车人数、车线路、车次等,发展到现在能记录上车人数、车线路、车次、上车站点等。现在主要使用的采集方法包括 IC 卡(Integrated Circuit Card)客流信息采集技术、乘客自动计数系统(Automatic Passenger Counting System,APCS)等。

(1) IC 卡客流信息采集技术

随着磁感应技术不断成熟,公交 IC 卡能得以广泛应用,为公交客流信息采集提供了一种新的方法。IC 卡采集信息的方式简单易行,不需要其他人员的操作,乘客在使用 IC 卡进行付费的同时,IC 卡读卡器也记录了刷卡账号、刷卡时间、车次、车线路等信息。这些信息是最原始的城市居民出行数据,为后面的工作提供了基础数据。通过对 IC 卡信息的统计分析和数据挖掘,可以得到公交乘客出行的其他相关数据,常见的有平均出行次数、起讫点分布、平均换乘次数、出行耗时和出行距离等。

现在无人售票方式的 IC 卡收费系统越来越被广泛采用,为 IC 卡采集客流信息提供了良好的环境。现阶段采用 IC 卡技术对公交客流信息进行采集的优势在于技术成熟可靠,简单易行,信息内容丰富。缺点在于 IC 卡采集的信息只是针对拥有 IC 卡的人群,而实际乘客中还包含了大量不使用 IC 卡的乘客,对这部分乘客的信息无法进行采集。另外不足就是现行常规公交收费系统中绝大部分均为上车单次刷卡,因此通过 IC 卡记录的只有上车信息,没有下车时的相关信息,不便于后期对下车信息相关指标的统计和分析,如乘客 OD 分布等。

(2) 乘客自动计数系统(APCS)

通过对乘客计数装置、定位技术和数据管理系统的结合使用,可形成乘客自动计数系统。该系统使用了多种技术,成为自动收集乘客上下车时间、上下车地点的最有效方法之一,能准确记录每个时间段和线路区间段的客流量信息。计数装置是该系统的核心,常见的类型有基于视频检测计数的上下门监视系统、基于感应检测技术的上下门技术系统等。其中,感应式乘客计数系统又可分为压力板式自动乘客计数系统、被动红外线自动乘客计数系统、主动红外线自动乘客计数系统,以及被动红外线和主动红外线结合使用的复合式乘客计数系统。

2)车辆定位数据采集技术

通信技术、卫星技术和传感器技术的发展,保证了车辆定位技术的实用性和可靠性。定位技术已经成为公交系统中一个重要的组成部分,是保障公交车辆正常运行必要的信息来源之一。公交车定位技术是通过车上的定位车载单元与卫星或路侧装置进行通信,获得公交车辆的运行状态,其中包括了公交车位置、公交车速度等信息,并将这些获取的定位信息发回公交调度中心。公交企业通过接收到的定位信息,对公交车辆的运行状况进行监控,并根据企业的运营目的发布有针对性的调度指令。公交车辆定位信息是车辆行程时间预测、安全管理、公交线路情况和 OD 统计等后期相关分析的基础数据。现阶段主要采用的定位技术有全球定位系统(GPS)和北斗导航系统等,还有一些局部定位技术如基于车路通信的定位技术等。

3)道路交通流数据采集技术

公交系统中涉及的道路交通流信息与其他车辆用到的道路交通流信息相同,无需再另外采集,因而其信息可来自其他专门对道路交通流进行采集的单位,根据其检测方式可以分为固定型检测器和移动型检测器两大类。固定型检测器包括感应线圈、视频监控、微波及红外线检测器等;移动型检测器包括牌照识别、电子标签检测器等。

目前应用在公交系统中的数据主要包括公交 IC 卡刷卡数据和车辆自动定位(Automatic Vehicle Location System, AVL)数据等,通过分析它们可以获得公交运营运行中最重要的一些数据,包括车辆位置、速度、站点间运行时间和客流量等。其中,上车客流量数据可以通过公交 IC 卡刷卡数据直接获得,客流 OD 矩阵则需要结合 IC 卡刷卡数据和 AVL 数据进一步推算;车辆时间和速度可以通过车载定位系统直接获得,站点间的运行时间将根据 AVL 数据、公交客流量以及车辆历史行驶记录计算获得,或者直接通过到离站数据获得。除了分析现状情况,还可以根据公交出行的历史数据和实时客流量检测数据,对未来站点客流量数据进行预测;或者根据 AVL 数据以及公交车辆历史行程数据,对车辆行程时间进行预测等。

与传统的人工调查相比,公交自动采集数据具有数据量大、蕴含信息丰富、时间连续等优点。综合运用多种数据挖掘算法,可以从公交 IC 卡数据和 AVL 数据中准确获取公交乘客的出行信息,具体包括出行上车站点、下车站点和中途换乘站点。以此为基础,可以统计得到公交客流指标、公交运营指标以及公交乘客出行特征指标等相关公交指标,部分指标如表 2-5 所示。

基于公交 IC 卡数据可挖掘的公交指标 表 2-5

指 标 类 别	具 体 指 标
公交客流指标	客流量
	客流时变曲线
	站点客流集散量
	线路高峰小时客运量
	线路断面客流量
	不均衡系数
公交运营指标	客运量
	客运周转量
	平均运距
	运力利用率
	满载率
	行车间隔和行车频率
	周转时间和周转系数
	运营速度
	运送速度

续上表

指标类别	具体指标
乘客出行特征	平均乘坐次数
	平均换乘系数和换乘率
	公交出行距离
	公交出行时耗

《城市公交 IC 卡数据分析方法及应用》等相关文献介绍了从 IC 卡数据到公交客流数据的提取与客流统计分析方法,有兴趣的读者可以检索阅读。

复习思考题

1. 城市公交网络是城市公交系统的核心要素,如何通过定量和定性相结合的方法,对一个城市的公交网络特性进行分析?

2. 查阅资料,了解我国城市公交站点的驻车换乘(P+R)和自行车换乘(B+R)设施规划建设现状,并分析存在的问题。

3. 简述城市公交方式可提供的线路客运能力测算方法(一般原理),选择两种公共交通方式(如常规公交、BRT、有轨电车、地铁等),讨论其线路客运能力的主要影响因素并做对比分析。

4. 图 2-5 给出了某公交线路下行方向站间距及站点间一日客流量数据,如果要分析该线路的运力利用率,还需要采集哪些数据?如何采集所需数据?

第3章 城市公共交通系统评价

3.1 评价的目的与作用

城市公共交通系统是一个综合、复杂、开放、动态的大系统,如何评价该系统的运营状况、存在问题及可能发挥的潜力?如何评价公共交通系统规划方案对未来客运交通需求发展的适应性?如何反馈和检验规划的实施效果?这些都是进行城市公共交通规划与运营管理需要解决的问题。通过科学的评价分析,可以把握一个城市公共交通系统的综合发展水平和实际管理水平,揭示城市公共交通系统存在的问题及成因,明确公共交通系统改进方向。

3.1.1 现状评价

针对城市公共交通系统现状的评价,其目的和作用可概括为:

(1)在充分了解现状城市公共交通系统中存在的问题和发展特点的基础上,全面、系统地确定城市未来公共交通发展的基本思路、发展方向和规划目标等,进一步改善和优化城市交通条件,体现公共交通优先发展的思想。

(2)对公共交通现有的规模、布局与城市发展需求的适应性、公交线网的性能和乘客满意度等做出定性和定量分析,为今后城市公共交通的建设发展提供决策依据。

(3)通过分析评估乘客和公交企业两者的受益情况,来衡量城市公交网络的现状,发现存在的主要问题,并能找出解决问题的有效途径。

为全面客观地评价城市公共交通系统发展现状,一般从以下几个方面展开:

(1)城市概况:分析城市社会、经济、土地利用状况及其与城市公共交通发展之间的关系,城市公共交通发展定位和发展政策。

(2)公交供给状况:分析城市公交体系构成、发展模式、不同公交方式线网规模和布局、公交场站设施规模和分布、公交车辆配置、公交专用车道规模和分布。

(3)公交运行状况:分析城市不同公交方式平均运行速度、客流量、满载率以及变化规律;路段、交叉口、公交站点的公交车辆延误;不同方式公交的能耗总量和结构;公交运行安全状况。

(4)公交服务状况:分析不同公交方式的乘客平均候车时间、车内拥挤程度、单程出行最大时耗;公交车辆完好率、整洁度和舒适度;公众对公交服务的满意度。

(5)公交运营与管理状况:分析不同公交方式运营构成及关系;公交票制票价政策、财务政策;公交智能化、信息化建设等。

3.1.2 规划方案评价

对于城市公共交通系统规划方案的评价,其目的是对多个规划方案进行全面的技术经济分析,评判方案的综合效果,使规划方案技术先进、经济合理、实施可行,为决策者审批提供科学依据。应从规划方案的系统性、引导性、经济性、可行性等方面进行综合评价。

(1)系统性。主要评价公共交通规划发展水平是否达到城市综合交通规划的目标要求,包括城市公共交通的定位目标、分担率目标是否支撑城市机动化交通的可持续发展,公共交通服务水平是否对改善城市交通结构和居民出行条件起到预期的作用,公共交通与其他交通方式以及各种公共交通方式之间的衔接效率是否满足要求等。

(2)引导性。主要从公共交通的发展模式及总体布局上评价方案是否支持城市空间的发展格局、是否促进土地利用的集约紧凑发展,包括公共交通走廊是否与城市的发展轴线相协调、公共交通枢纽体系是否与城市中心体系相匹配、公共交通场站的综合开发利用程度等。

(3)经济性。主要评价公共交通规划方案实施的经济支撑力度及带来的直接经济效益与间接经济效益。包括公共交通线网的建设规模、分期建设与城市近期远期经济能力相适应程度;公共交通规划方案实施给社会或运输企业所带来的直接经济效益;公共交通规划实施方案带来的间接经济效益,如减少拥挤、改善环境以及吸引大量客流所带来沿线地上、地下空间和其他项目开发的效益。

(4)可行性。主要评价公共交通规划方案与生态资源、景观风貌、人文历史等要素的协调程度,工程条件、技术条件对规划实施的满足程度,财务条件、管理措施对规划实施的支撑程度,以及规划实施过程中对城市居民出行、道路交通运行产生的影响。

3.2 评价的内容与综合评价工作流程

3.2.1 评价的基本内容

城市公共交通系统评价的内容主要包括三个方面:面向系统使用者的网络技术性能评价,

面向系统经营者和管理者(企业与行业主管部门)的经济效益水平评价,面向城市居民(代表城市全体公众利益)的公交服务水平评价。

1)网络技术性能评价

城市公共交通系统的网络技术性能评价是从公共交通网络的发展水平和技术性能方面,分析其发展规模与客运需求的适应性以及网络的布局结构和功能,目的是揭示公交网络的服务质量,为今后公交系统的优化和决策提供技术方面的信息和依据。从根本上讲,公共交通系统的社会效益和公交企业的经济效益如何,首先取决于公共交通系统的技术性能。因此,城市公共交通系统的网络技术性能评价是城市公共交通系统评价中不可缺少的重要组成部分之一。

2)经济效益水平评价

公交经济效益方面的评价主要是反映公交企业的企业运作、经济效益状况。任何一个企业要生存和发展必须与经济挂钩,公交企业虽然是以社会效益为主,但也必须考虑其经济效益。公交企业的经济效益评价主要从企业的设施、人力资源的运用效果和运营效果来分析。公交运营效果指公交企业为社会完成的运输产量与质量效果以及为企业完成的运输经济效果。

3)公交服务水平评价

城市公共交通是城市公益事业,是城市文明建设的窗口,服务水平的好与差,直接关系到社会的政治、经济、社会秩序的正常和稳定,关系到城市的声誉和形象。公共交通的主体是城市居民,对于乘客来说是否选择公交为出行的交通工具关键在于所提供的服务是否能满足他们的需求,因此公交系统的服务水平和乘客满意度是评价的主要方面。

4)综合评价

所谓综合评价,就是在各部分、各阶段、各层次子系统评价的基础上,谋求规划系统整体功能的最优调节,并在系统整体优化过程中,不断向决策者提供各种关联信息。综合评价之所以必要也是由公共交通系统发展目标的综合性、发展过程的复杂性以及公共交通系统本身的层次性等所决定,同时,现代科学技术理论特别是系统工程的理论发展为综合评价的开展提供了可能。

3.2.2 综合评价工作流程

综合评价一般包括以下几个步骤:

1)明确评价前提

首先须明确评价主体,即明确评价主体是系统使用者,还是系统经营与管理者,抑或是二者兼而有之或其他受影响者,这对于评价目标的确定、评价指标的选择都有直接的影响。其次,要明确评价的范围和时期,即评价对象涉及哪些地区和部门,评价处于规划研究的哪个时期。城市公共交通系统规划从范围上看,是否包括大中运量快速轨道交通系统规划,是大不一样的。有城市轨道交通时,城市公共交通线网是一个具有典型层次性结构特点的网络系统,地面常规公交系统与城市轨道交通系统的衔接协调性如何将直接影响着整个公交系统的运营状况,因此应成为评价的重要内容之一。至于评价的时期,一般分为初期评价、中期评价、终期评价和跟踪评价四个阶段,不同时期的评价目的和评价要求是有区别的,因此其评价方法也不完全一样。

2）研制评价指标体系

综合评价指标体系通常具有多层次结构。首先要确定评价目标，这是评价的依据。目标也是分层次的，可分为总目标和具体目标。城市公共交通规划方案的综合评价总目标应是整体评价备选方案并选择最佳方案，具体目标要根据方案的性质、范围、类型、条件等确定。目标结构确定之后，就要建立评价指标体系，评价指标和标准可以说是目标的具体化，根据具体目标设立相应的评价指标。

3）定量各项评价指标

要定量各项评价指标，必须首先确定相应的量化标准。每项评价指标都应有详细的评价标准，对于可用货币、时间、材料等衡量的指标，可进行定量的分析评价，对于社会环境等的影响评价，有些方面则只能先做定性分析，然后确定量化方法，对每项评价指标，均须规定计算方法，并对评价标准作恰当的说明，评价标准确定后，就可依据该标准对评价指标进行划分。在确定评价指标的量值时，可采用直接定量、模糊定量或等级定量等方法，视具体指标的特点分别加以应用。

4）备选方案综合评价

首先，须确定综合评价方法，即根据各指标间的相互关系及其对总目标的贡献确定各项指标的合并计算方法。下层指标值复合成上层指标值需借助一定的合并规则，常用的有：加法规则、乘法规则、指数运算规则、取大规则、取小规则、代换规则、定量规则等，各种规则还可和"权"配合使用。另外，也可以以上述规则为基础进行某种组合和修正，选取合并规则时应考虑到指标的含义和相应的合并目的。

然后，根据各指标的重要性确定合并计算中相应的权重系数值，常用的方法有层次分析法、熵法等。

最后，按选定的合并方法计算上层指标的值。如果评价指标体系有多个层次，则逐层向上计算，直至得到第一层指标的值为止，并据此排出各备选方案的优劣顺序，进行分析和决策。

3.3 城市公共交通系统评价指标体系

3.3.1 评价指标体系的构建原则

在评价城市公共交通系统时，必须采取多目标原则，对影响城市公共交通系统发展水平的各个方面进行定量计算和定性分析，确定评价标准和方法，从而综合评价城市公共交通系统发展总体水平和性能特点。

城市公共交通系统评价指标的设置，应充分表述城市公共交通系统的内涵和特征。综合国内外学者有关城市公共交通系统评价指标体系的研究成果，建立切实可行、有利于城市公共交通系统评价的指标体系应遵循以下原则：

1）科学性原则

城市公共交通系统评价指标体系中指标的选择、指标权重和量度的确定、数据的采集和处理必须以科学的理论准则为依据。反映指标的数据来源要可靠、具有准确性，处理方法具有科学依据，城市公共交通系统指标目的清楚，定义准确，能够量化处理。

2) 可比性原则

城市公共交通系统评价指标体系的设计要求各项指标尽可能采用国际上通用的名称、概念和计算方法,使之具备必要的可比性,同类城市公共交通系统可进行互相比较。此外,具体评价指标也应该具有某种时间上的可比性,从而对城市的公共交通系统进行动态分析和评价。

3) 可操作性原则

城市公共交通评价指标体系应是简易性和复杂性的统一,要充分考虑数据取得和指标量化的难易程度。城市公共交通系统评价指标体系的结构要尽可能简单,具体指标要通俗易懂,这样才能易于被公众所接受。

4) 系统性原则

城市公共交通系统涉及经济发展、社会发展、环境和资源等方面,包括城市管理与服务等方面的现代化,基础设施建设与管理、服务。构成城市公共交通系统有机整体,无论哪个环节滞后,都会影响城市公共交通发展的进程。因此,确定城市公共交通评价指标时应有系统观念。

5) 代表性原则

城市公共交通系统评价是个系统概念,包括许多方面,但作为衡量城市公共交通系统的指标体系,不可能也没必要将所有涉及的因素都作为衡量指标,应根据实际情况选取有代表性的指标构成城市公共交通系统评价指标体系。

下面对交通运输部"公交都市"创建考核评价指标体系、国家标准《城市公共交通发展水平评价指标体系》、美国 TCQSM 的公交服务质量评价指标体系等三个评价指标体系做简要介绍和分析。

3.3.2 《公交都市考核评价指标体系》

为贯彻落实国家城市公共交通优先发展战略,2011年交通运输部发布《关于开展国家公交都市建设示范工程有关事项的通知》(交运发〔2011〕635号),通知中明确提出公共交通引领城市发展的战略导向,要求"十二五"期间组织开展国家"公交都市"建设示范工程,并出台了《公交都市考核评价指标体系》(交运发〔2013〕387号,以下简称《指标体系》),以评价各个城市公共交通优先发展的成效。《指标体系》的指标情况如表 3-1 所示,各指标的具体含义与测算方法可查阅相关资料。

《指标体系》由规划实施、经营管理和用户服务三个层次的指标组成。规划实施层次共 17 个指标,包括规划实施和土地利用 2 个方面;经营管理层次共 9 个指标,包括企业运营、安全性、车辆状态、制度设计和智能化 5 个方面;用户服务层次 4 个指标,包括可靠性、速度、拥挤度和满意度 4 个方面,基本满足《关于城市优先发展公共交通的指导意见》中"在规划布局、设施建设、技术装备、运营服务等方面,明确公共交通发展目标,落实保障措施"的要求。从指标体系构成来看,为了引导各地重视公共交通基础设施和装备建设,指标体系加强了城市公共交通规划实施层面的目标调控,但对高品质公交服务和乘客的出行体验等方面的评价相对较弱,对《关于城市优先发展公共交通的指导意见》中关于建立持续发展机制,即"制定公共交通运营的服务标准,构建服务质量评价指标体系"的要求响应不足。

公交都市考核评价指标体系　　　　　　　　　　　　　　　　表 3-1

序号	指标名称	指标类别	指标类型
1	公共交通机动化出行分担率	规划实施	考核指标
2	公共汽电车线路网比率	规划实施	考核指标
3	公共交通站点500m覆盖率	规划实施	考核指标
4	万人公共交通车辆保有量	规划实施	考核指标
5	公共交通正点率	用户服务-可靠性	考核指标
6	早晚高峰时段公共汽电车平均运营时速	用户服务-速度	考核指标
7	早晚高峰时段公共交通平均拥挤度	用户服务-拥挤度	考核指标
8	公共交通乘客满意度	用户服务-满意度	考核指标
9	公共汽电车进场率	规划实施-土地利用	考核指标
10	公交专用车道设置率	规划实施	考核指标
11	绿色公共交通车辆比率	规划实施	考核指标
12	公共汽电车责任事故死亡率	经营管理-安全性	考核指标
13	轨道交通责任事故死亡率	经营管理-安全性	考核指标
14	城乡客运线路公交化运营比率	规划实施	考核指标
15	公共交通运营补贴制度及到位率	经营管理-制度设计	考核指标
16	公共交通乘车一卡通使用率	经营管理-智能化	考核指标
17	公共交通一卡通跨省市互联互通	经营管理-智能化	考核指标
18	公共交通智能化系统建设和运行情况	经营管理-智能化	考核指标
19	城市公共交通规划编制和实施情况	规划实施	考核指标
20	建设项目交通影响评价实施情况	规划实施	考核指标
21	公共交通出行分担率(不含步行)	规划实施	参考指标
22	公共交通人均日出行次数	规划实施	参考指标
23	公共汽电车线路网密度	规划实施	参考指标
24	公共汽电车平均车龄	经营管理-车辆状态	参考指标
25	公共交通投诉处理完结率	经营管理-企业运营	参考指标
26	公共汽电车车均场站面积	规划实施-土地利用	参考指标
27	公共汽电车港湾式停靠站设置率	规划实施	参考指标
28	公交优先通行交叉口比率	规划实施	参考指标
29	公共交通职工收入水平	经营管理-企业运营	参考指标
30	公共交通优先发展配套政策制定情况	规划实施	参考指标

3.3.3 《城市公共交通发展水平评价指标体系》

2018年7月1日实施的国家标准《城市公共交通发展水平评价指标体系》(GB/T 35654—2017)规定了城市公共交通发展水平评价指标集和评价指标描述,给出了各项指标的计算方法和基础数据采集方法,指标集包括公共运营服务水平、公共交通政府保障能力和公共交通运行效率与综合效益三部分共计14个评价指标,整理、分析如表3-2所示。该指标体系结合我国现阶段城市公共交通发展情况,着眼于城市公共交通运营服务水平、运行效率和综合效益的提升,同时关注公共交通发展所需要的基础设施要素的建设水平,以期达到引导和促进公共交通资源的合理高效利用、满足人们对公共交通服务品质的要求等目标。

城市公共交通发展水平评价指标体系表　　　　　　表3-2

准则层	指标层	指标描述
公共运营服务水平	公共交通正点率	统计期内,城市公共交通正点行车次数与总行车次数的比例,可采用公共汽电车正点率、列车正点率两种口径
	公共交通责任事故死亡率	统计期内,城市公共交通每行驶百万公里发生的行车责任事故死亡人数
	公共汽电车和小汽车运行速度比	统计期内高峰小时时段,城市城区范围内应设置公交专用道的城市道路上公共汽电车平均行程速度与小汽车平均行程速度的比
	公共汽电车来车信息实时预报率	截至统计期末,可提供来车信息实时预报服务的公共汽电车线路数占公共汽电车线路总数的比例
	公共交通乘客满意度	统计期内,城市公共交通乘客对公共交通服务的可得性、安全性、可靠性、便捷性及舒适性等方面的满意程度
公共交通政府保障能力	公共交通站点覆盖率	截至统计期末,城市一定区域范围内,所有公共交通站点(包括公共汽电车站点和轨道交通站点)一定半径范围覆盖的区域面积,占适宜设置公共交通站点的区域总面积的比例
	公共汽电车运营线路网覆盖率	截至统计期末,城市城区范围内公共汽电车运营线路网长度占城市道路长度的比例
	公共交通换乘衔接率	城市公共交通系统中的轨道交通方式,与公共汽电车、公共自行车等公共交通方式以及私人小汽车、出租车、自行车等其他交通运输方式的衔接程度
	公共交通车辆万人保有量	截至统计期末,按城区人口计算,每万人平均拥有的公共交通车辆标准运营车数
	公共交通专用道建设完成率	截至统计期末,城市城区范围内,按照GA/T 507—2004要求应设置公交专用车道的道路,实际完成公交专用道设置的比例
	公共汽电车进场率	统计期内,公共汽电车运营车辆夜间进场停放的车辆数(含在公交专用道停车场停放及在公交首末站、保养场或枢纽站中停放的车辆数)与总运营车辆数的比率
公共交通运行效率与综合效益	公共交通单位人次运营成本	统计期内,城市公共交通系统平均每运送一位乘客的运营成本
	公共交通车辆单位能源消耗强度	统计期内,城市公共交通系统中每标台公共交通车辆每行驶百公里消耗的标准煤数量
	公共交通机动化出行分担率	统计期内,城市居民采用公共交通方式出行的总量在采取各种机动化方式出行总量中所占的比例

3.3.4 美国 TCQSM 的公交服务质量评价指标体系

以 TCQSM 为代表的国外公共交通评价指标体系,将服务质量置于评价体系顶层,以满足乘客需求与目标为前提,对公共交通通行能力、速度和可靠性,车站服务能力以及运营管理进行评价。从乘客角度,构建了包括公交可用性和舒适便捷性两大属性的公交服务质量评价指标体系,便于公交管理机构以此来设定服务标准以及评价所提供的公交服务质量。

1) TCQSM 对服务质量的定义

TCQSM 对服务质量的定义为"从乘客角度出发,通过客观量测或主观感知所得出的对公共交通服务的整体评价。"公共交通服务质量指标主要反映公共交通服务的可达性(可用性)和舒适便捷性,可达性决定了公共交通是否成为出行方式的一种选择,而舒适便捷性则是影响出行者是否选择公共交通方式的因素。

2) 公交服务质量评价指标体系构成

TCQSM 按空间要素分类,分别从公交车站、公交路段/走廊和公交网络三个层面对公交服务质量进行评价,而每层内部均可通过公交可用性和舒适便捷性两个属性来评价,其中公交可用性反映的是公交能否成为乘客的候选出行方式,而舒适便捷性影响的是乘客在权衡公交与其他交通方式的出行舒适便捷性之后,公交能否成为乘客的最终出行方式。TCQSM 的公交服务质量评价指标体系如表 3-3 所示。

TCQSM 公交服务质量评价指标体系构成 表 3-3

项 目	公交车站评价	公交路段/走廊评价	公交网络评价
可用性	服务频率	服务时间	服务覆盖率
舒适便捷性	载客水平	可靠性	公交与小汽车行程时间偏差

(1) 公交车站评价

公交车站作为公交系统的最基本元素,是乘客乘坐公交出行时候车和上下车的地点。公交车站评价主要是反映单个车站的公交可用性和舒适便捷性水平,而这些属性值取决于车站自身的乘客流量、时刻表、经由线路、站台设计等因素,并因车站的具体条件不同而改变。

公交可用性用服务频率指标来表示,指的是在步行可达和运营时间内乘客一小时中可以搭乘到的公交班次数,该指标直接影响乘客在公交车站的候车时间,从而影响乘客的总出行时间和满意度。

舒适便捷性用载客水平来表示,反映的是乘客出行过程中感受到的车内舒适程度,一般用载客因子(平均每个座位服务的乘客数)和站立乘客密度两个指标来具体描述车内拥挤情况,从而体现车内的舒适程度。与公交车站评价相关的指标还有车站周边的行人过街难易程度、人行道设施水平、非机动车道设施水平、停车换乘设施水平、无障碍设计设施水平、滞留乘客数、可靠性、站台设施等。

(2) 公交路段/走廊评价

公交路段/走廊评价主要是反映公交线路部分区段、路段或是交通走廊上的公交可用性和舒适便捷性水平,影响乘客在出行路径上的满意度。

公交可用性用服务时间指标来表示,指的是某出行路径、路段或两站间提供公交服务的时间范围,该指标与服务频率和服务覆盖率类似,都会直接影响潜在乘客是否选择公交作为候选出行方式,因为潜在乘客只在乎存在出行需求的时段内企业是否提供公交服务。

舒适便捷性用可靠性来表示,常用的指标有到站正点率和车头时距稳定性,均能够反映车辆运行的可靠程度。到站正点率指的是实际到站时间与预定到站时间误差在 5min 以内的班次数占总到站班次数的比例;而车头时距稳定性常用于评价高频线路的可靠性,为相邻班次间车头时距标准差与平均车头时距的比值。与公交路段/走廊评价相关的指标还有人行道、非机动车道设施水平、无障碍设计设施水平、行程速度、候车时间评估等。

(3) 公交网络评价

公交网络评价主要是反映特定区域(如行政区或都市区)内多条运营线路整体的公交可用性和舒适便捷性水平。

公交可用性用服务覆盖率指标来表示,反映乘客到达最近站点的步行可达性,该指标通过步行距离来衡量公交服务范围,一般设定为公交车站 400m 或城市轨道交通车站 800m 范围内的区域,因此该指标定义为被公交服务范围所覆盖的公交支持区面积占城市建成区内所有公交支持区面积的比重,其中公交支持区为居住密度不低于 7.5 户家庭/公顷(毛占地面积)的居住片区或者就业岗位密度不低于 10 个岗位/公顷(毛占地面积)的就业岗位片区。

TCQSM 中给出了公交服务覆盖的 5 类服务水平,如表 3-4 所示。

公交空间覆盖服务水平 表 3-4

服务水平	描述
服务区域人口覆盖>90%	公交服务几乎覆盖社区所有目的地
公交支持区覆盖>90%	公交可以服务几乎所有的社区密度较高区域,密度较低区域的目的地可能不易到达
公交支持区覆盖 75%~90%	公交可以服务社区密度较高区域的大多数目的地,但不是所有
公交支持区覆盖 50%~74%	公交可以服务社区密度较高区域的大部分目的地,由于公交站点离出行起终点较远,步行和骑行换乘公交的距离较长
公交支持区覆盖<50%	公交服务仅仅局限于社区密度最高的走廊地带,服务的直达性相对而言可能更好,进而车内时间相对更短

舒适便捷性用公交与小汽车的行程时间偏差指标来表示,这是出行者决策选择使用小汽车还是公交的关键因素,两者的出行时间偏差主要在于步行、候车及换乘等过程,可反映公交系统网络上的公交便捷性。与系统评价相关的指标还有公交与小汽车行程时间比、公交行程时间、安全性等。

上述评价指标体系的研究基础是《公共交通考核评价系统构建指南》(A Guidebook for Developing a Transit Performance Measurement System)。该指南提供了 8 大类 27 小类指标,见表 3-5。由表 3-5 可知,TCQSM 评价指标体系中的 8 大类 27 小类指标主要反映了公共交通服务的可达性(可用性)和舒适便捷性。

《公共交通考核评价系统构建指南》评价指标 表 3-5

大类指标	小类指标
可用性评价	空间可用性、时间可用性、辅助公交可用性、客运能力可用性
服务提供评价	可靠性、乘客服务、乘客乘降、目标完成度
社区评价	机动性、社区影响、环境评估

续上表

大类指标	小类指标
出行时间评价	时间、速度
安全性评价	事故安全、犯罪评估
维护建设评价	车辆、乘客满意度、资金、车队、程序
经济性评价	利用情况、效率、有效性、管理
客运能力评价	拒绝服务情况、座位数量、客流量

TCQSM第三版对评价指标进行了部分调整,仍从公交车站、公交路段/走廊、公交网络三个空间层面,以及可用性、舒适便捷性两个属性对公交服务质量进行评价,但考虑了固定线路型公交和需求响应型公交两种情况,具体指标体系如表3-6和表3-7所示。

针对固定线路型公交服务质量评价指标体系表　　表3-6

项目	公交车站评价	公交路段/走廊评价	公交网络评价
可用性	服务频率	服务时间	服务覆盖率
舒适便捷性	载客水平	可靠性	行程时间(车上时间)

针对需求响应型公交服务质量评价指标体系表　　表3-7

项目	公交车站评价	公交路段/走廊评价	公交网络评价
可用性	响应时间	服务时间	服务覆盖率
舒适便捷性	可靠性	行程时间(车上时间)	乘客未按时乘车

需求响应型公交在运营过程中没有固定的线路和时刻表,这是区别于目前常规公交(固定线路型公交)的最大特点,在城市公交运营中可以作为常规公交的一种补充。运营的时间、线路等都是由调度指挥中心根据乘客的需要来优化决定。需求响应型公交是智能公共交通发展的一项重要内容。

对比以上两表可以发现,评价固定线路型公交和需求响应型公交有很多指标都是相同的,但由于两种类型公交的服务模式不同,一些指标有所差异。

3.4　公交服务系统评价标准问题

3.4.1　制定评价标准的目的

公共交通服务系统评价标准指的是在城市公共交通的发展进程中,公交企业、政府等运营、管理和监督者所需重视和遵循的规定和准则。城市公共交通系统服务评价标准作为评估城市公共交通系统服务水平、企业经济效益等活动的依据,是评价活动的核心部分,从评价指标的选取和尺度范围的量化规定上,集中反映城市公共交通系统发展的核心需求,同时具有引导被评价者明确自身努力方向的重要作用。

制定城市公共交通服务系统评价标准有两个主要目的。一方面是使公交企业明确自身发展需要重点关注和改进的方向和目标,引导公交企业按标准来规划设施和提供服务,不断提高公交系统效率和效益,维持和提高现有的服务水平;另一方面是督促企业或政府及时对城市公共交通系统总体性能进行评估,从而针对性改善城市公共交通系统发展过程中存在的问题与不足之处,提升公交系统的服务质量和公交企业的运营效益。因此,评价标准的制定对于引导公交系统发展方向和提升公共交通服务水平具有重大意义。

3.4.2 制定评价标准的基本要求

(1)适用性。对于评价标准的制定,首先需要保证标准的适用性,符合我国城市公共交通发展的现实背景和水平,并且不同类别的城市应根据各自城市的发展实际和评价对象要求,来选择指标和确定相应的标准,不能照抄照搬其他国家和城市现有的评价标准体系。

(2)先进性。为了发挥评价标准有效引导公交系统发展方向和提升公交服务水平的作用,需要保证标准的先进性。标准中选择的评价指标要有较好的代表性,标准等级的界定要有一定的前瞻性和准确性,既不能让标准涵盖领域过宽,也不能无谓地增加标准项目,要能起到对城市公交健康持续发展的引导作用;此外,需要尽可能保证标准的统一性和协调性,同类别城市或企业所遵循标准中对于各指标的定义应一致,同时标准要与其他法规、标准要求相协调,避免出现矛盾,影响标准的应用实施。

(3)针对性。针对不同评价目的和对象,所需制定的评价标准不同。例如进行公交服务评价时所遵循的标准,一般从服务设计角度,根据具体评价目的来选择指标和确定标准。公交线路一日最少服务时间、载客水平(拥挤度)、最大发车间隔、最小发车间隔、准点率、换乘等待时间、乘客安全性、公众投诉率等指标,常用于评价公交服务,并根据各城市公交发展的实际水平制定相应的考核标准。

制定公交企业的客运能力和经济效益评价标准时,一般从乘客和费用两个角度出发,以美国和欧洲国家常用的经济和运力评价标准(TCRP,1995;METRO,1984;QUATTRO,1998)为例,基于车辆·h、车辆·km、载客量、收入和运营成本5个变量,制定了分别基于乘客和基于费用的7个评价指标作为公交企业客运能力和经济效益评价的遵循标准,如表3-8所示,包括车小时载客量、车公里载客量、每车次载客量、单位载客量成本、成本收益率、每乘客补贴和相对性能指标。

欧洲国家常用的经济和运力评价指标和评价标准　　　　表3-8

类别	序号	评价指标	典型标准阈值*	备注
基于乘客	1	车小时载客量**(PVH)	最小 8~40 PVH;最小为系统平均 PVH 的 50%~100%	与服务类型、每天不同时段、每周不同的天相关
	2	车公里载客量**(PVK)	最小 0.6~1.5 PVK;最小为系统平均 PVK 的 60%~80%	与服务类型、每天不同的时段、每周不同的天相关
	3	每车次载客量	每车次载客量最少为 5~15 位乘客;线路平均载客量最少为 15 位乘客	快车车次的最小平均载客量为 20~30 位乘客

续上表

类别	序号	评价指标	典型标准阈值*	备注
基于费用	4	单位载客量成本	最大为系统单位载客量成本的1.4倍	该标准通常和其他标准组合使用构成一个综合指标
	5	成本收益率**	最小为0.15~0.30;对快速客运服务类型,最小为1.0	不同类型公交公司对于服务类型和综合指标的使用有所区别
	6	每乘客补贴**	基于每位乘客的票价,最少为系统平均值的25%~33%	成本和收益对乘客和公交公司而言是相对的概念
	7	相对性能评估	不低于参与评价的所有线路相关性能评分排名的10%~20%分位	相似线路间的性能比较

注:*主要根据美国的数据,**为常用的标准。

前三个基于乘客的角度,关乎运力标准。其中"车小时载客量"指的是每小时每车次的乘客数量(客运量),是应用最广泛的运力评价标准;"车公里载客量"反映车辆每单位运营里程内运载的乘客数量;"每车次载客量"为线路平均每个车次运送的乘客数量。

后四个基于费用的角度,关乎财务标准。其中"单位载客量成本"是运送每位乘客的平均成本费用,作为财务标准来确定线路运力投放;"成本收益率"是直接运营开支(公交企业职工的工资和福利,维修费用)与线路乘客支付车费所得票款收入的比例;"每乘客补贴"是平均运送每名乘客的支出和收入之差;"相对性能评估"是用来表征一条线路与其他具有相同特点线路相比所具有的性能水平,例如某条线路的某个性能或多个性能指标在整个线网系统中的综合排名,或者是在一组提供相同服务的线路集合中的综合排名。

上述这些标准都贯穿于公交企业的评估全过程中,对于评估、引导和改善公交企业服务水平和经济效益具有重要意义,对我国制定相关标准也有参考和借鉴作用。

复习思考题

1. 如需要对一个城市或城市某个区域的常规公共汽车交通的服务质量进行现状评价,请结合你对公交服务质量的概念及评价指标的理解,同时充分考虑进行公交服务质量评价所需数据的采集问题,选取若干关键指标,并给出指标测算方法。

2. 如需要对一个拥有地铁等大运量公共交通方式的特大城市进行公共交通系统服务性能评价,请结合文献阅读,构建一套评价指标体系。

3. 本章3.3节介绍的三个公交系统相关评价指标体系均包含公共交通站点覆盖性评价指标,请分析比较其内涵界定上的异同,并以该指标为例,谈谈你对公交系统评价指标选取和评价标准制定等问题的认识。

4. 评价一个公交企业的客运能力和经济效益在很大程度上依赖下列5个基于公交线路的变量:车辆·h,车辆·km,载客量,收入,运营成本。结合我国城市公交发展情况分析,你认为现阶段最需要从哪些基于上述变量的评价指标入手研究建立评价标准?为什么选取这些指标?

第4章
城市公共交通需求分析

城市公共交通需求分析的主要目的,是要把握城市公交需求特征、客流规律及变化趋势。公交需求与客流分布在任何公交规划和运营管理过程中都是一个必不可少的重要因素。在公交规划中,它是公交方式规划与选择、不同公交方式的线路/网络设计、公交车辆发展规模、场站布局与用地规模确定的重要依据;在公交运营组织管理中,线路运营车辆的配置、发车间隔与时刻表的确定、行车调度管理(如区间车、大站快车、调整发车间隔)等,都离不开对公交需求与客流分布的实时监控和分析预测。

本章首先讨论影响公交需求的内外部因素和需求的弹性问题,以加深对公交需求发生、发展变化规律的理解。在此基础上,简要介绍开展城市公交需求预测工作应遵循的几个基本原则,并结合一个具体案例说明城市公交规划中广泛使用的交通需求预测的"四阶段法"的应用。与公交运营相关的公交出行时变特征及客流量分析预测方法在第8章介绍。

4.1 公交需求的影响因素

影响公交需求的因素可以分为两大类,一类是外部因素,主要包括城市或公交服务区的社会经济、人口、土地利用以及私人小汽车拥有水平等影响公交需求发生量、OD分布与出行方式结构变化的因素,也可称之为间接影响因素;另一类是内部因素,主要包括公交的票价票制、出行时间、服务频率、步行到站时间、换乘衔接、乘坐舒适度和便利性、信息可获性等影响乘客公交出行选择的因素,也可称之为直接影响因素。Jarrett Walker 在其编著的 *Human Transit* 一书中提到居民可能选择公共交通出行的 7 大需求(图 4-1),反映了公共交通在空间、时间、费用、舒适便捷性、信息等方面的服务质量及与之密切关联的供给条件的潜在影响。

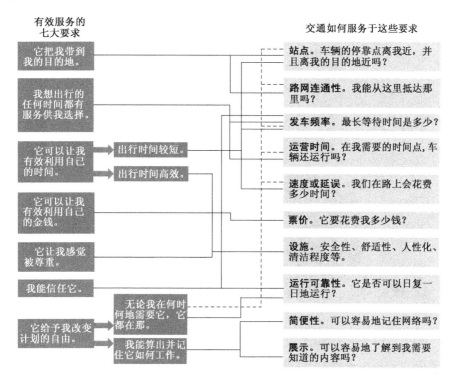

图 4-1　公共交通需求—供给对应关系

一般假设乘客在进行交通方式选择时是基于效用最大化或方式最优化以实现其出行目的。所以从某种程度上说,这个选择过程是因人而异的,因为不同因素对于不同的人的权重不一样。但是进行大量调查分析后可以获得各影响因素对大部分人群的影响程度。

不同的国家、城市以及不同的发展时期,居民对于公交服务改善最为关注的因素并不相同,政府和公交企业期望通过改善公交服务来增加公交需求时,必须结合当地的实际情况,通过调查了解乘客最期盼改善的要素。例如,从北京市 2000 年居民出行调查结果可以看出,票价便宜、步行距离短、出行距离远以及安全性是居民出行选择公共交通的四个主要原因(图 4-2),反映对公交需求影响最为强烈的是票价、步行距离、出行距离和安全性四个影响因素。

而 2005 年的一项研究对上海市市民进行了公交需求价格调查,分析市民面对公交服务的改善是否愿意多支付票价,同时反映市民对现有公交系统中车辆、服务人员、发车间隔、可靠性和线路等多方面因素的意见。问卷调查显示,上海市市民的公交需求对于公交服务质量方面的变化十分敏感,特别是准点可靠、减少等待时间、更加合理的公交站点、路线等已成为人们对公交的首要期待目标(图 4-3),即对公交需求影响最为强烈的是可靠性、等待时间和线路布局 3 个影响因素。

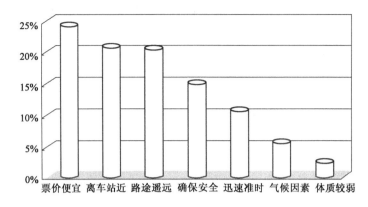

图 4-2　北京市 2000 年居民出行调查

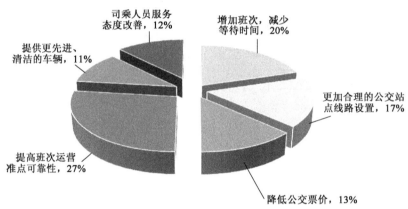

图 4-3　上海市市民公交需求价格调查结果

东南大学研究团队在承担的《湖州市居民出行方式结构优化对策研究》项目研究工作中，以居民出行调查为主，以出行意向、公交驻站、公交随车以及核查线调查为辅，通过对居民出行需求特征、出行意向以及公交系统状况的调查与分析，掌握了湖州市区居民出行现状特征，并利用 2004 年、2011 年、2015 年开展的 3 次湖州市区居民出行调查数据，分析了居民出行需求演变过程和趋势以及公交出行方式选择的影响因素。重点提取家庭年收入水平、小汽车拥有量、公交出行时耗三个因素作为自变量，结合居民出行调查数据分析了各因素与公交出行分担比例之间的关系。

研究建立的湖州市区公交车出行时耗减少比例 x 与公交车分担率提升比例 y 之间的回归关系模型为：$y = -12.392x^3 + 11.631x^2 - 2.3x + 0.1367$，由此推算出当公交车出行时耗分别减少 10%、20%、30% 时，公交车出行比例分别提高 1.06%、4.28%、15.89%。

根据湖州市区居民出行调查数据分析，公交车出行时耗、小汽车拥有量和家庭年收入水平对公交车出行分担率有较大影响。随着小汽车拥有量和家庭年收入的增加，公交车出行比例逐渐降低，其中小汽车拥有量的变化相比家庭总收入的变化对公交车出行分担率的影响更大。

国外也对公交需求的影响因素进行了大量调查，并分析各因素对公交需求影响的强烈程度。例如，美国交通部门在 2006 年通过大量调查对提高公交需求影响最大的措施和手段进行了分类，按照效果递减排序如下：

（1）服务调整或改善（增加线路覆盖率；调整线路；改进时刻表/线路间时刻表协调；提高

服务频率;提高可靠性/准点率;提高行驶速度和减少停站;定制公交服务;改进乘客设施;新型/改进的车辆;提高安全性)。

(2) 伙伴关系建立和协调(高校以及中小学校的公交服务规划;交通需求管理策略;私人投资建设的活动中心的公交服务规划;区域内、部门之间的政策协调;与其他交通部门的协调等)。

(3) 营销和推广活动(目标营销;大众营销;信息资料的完备;客户信息和援助手段的改进)。

(4) 收费和票价结构(提高支付的便利性;区域内统一支付;简化票价结构;降低票价)。

另外的一些研究成果显示,影响公交需求的外部因素主要有以下6个方面:

(1) 人口特征和变化(区域人口的一般性增长;大量且不断增长的移民;大量且不断增长的老人;大量且不断增长的旅游人员;大量的大学生)。

(2) 经济条件(就业和未就业水平;人均收入水平;私家车拥有水平)。

(3) 其他替代方式的费用和可利用性(燃油费用和通行费用;停车费用以及停车位可利用性;出租车费用;燃油税;汽车购买和养车费用;工作单位提供通勤福利的可利用性)。

(4) 土地利用,开发模式和政策(开发的密度;城市扩张引起的工作单位和住宅区相对位置的变化;土地利用,分区管制和奖励办法)。

(5) 出行条件(气候和天气状况;交通拥挤程度和道路的通行能力;由于重要的建设项目而导致的交通中断)。

(6) 公共政策和公交补贴(空气质量要求;汽车尾气排放标准;联邦以及各州营运资本和公交补贴强度)。

通常一个改善公交服务项目可以实施的前提是:公交乘客和潜在公交乘客愿意承担更多费用来提高出行质量。例如:丹麦在1996年曾经用一条轻轨线路代替了简单的铁路-公共汽车服务,两地之间的出行时间减少了15min,并且乘客不用换乘,每个方向的发车频率从每天6辆列车增加到每天10辆列车。尽管票价水平提高了10%~30%,但是由于新的线路提高了舒适性等服务条件,因此乘客人数增加了将近200%。

上述研究对于我国各个城市在优先发展城市公共交通战略下的公交系统规划、资源配置、运营管理等各个方面的决策是具有启发意义的。我们应坚持市场在资源配置中起决定性作用这一指导思想,正确理解优先发展公共交通政策内涵。应综合考虑不同公共交通方式的服务能力、服务效率和外部性,合理采用政策扶持、公共财政补贴、资源优先配置等手段,有效提高公共交通系统的服务效能,以达到引导出行者优先选择,引导城市集约利用土地和节约能源、保护和改善人居环境的目的。不能以优先发展公共交通的名义盲目地、急速地进行规模扩张和增加运能,而忽视效益提升和经济性分析,忽视真正影响乘客需求的服务水平改善。

4.2 需求函数和需求弹性

4.2.1 基本概念

弹性的概念来自经济学,它衡量买者与卖者对市场条件变化的反应程度。经济学中的需求定理指的是:在其他条件不变时,一种物品的价格上升,对该物品的需求量减少;一种物品的价格下降,对该物品的需求量增加。需求定理对需求的讨论是定性的,而需求价格弹性则是从定量的角度衡量了消费者对价格变化的反应程度。经济学中的需求价格弹性是衡量一种物品需求量对其价格变动反应程度的指标,用需求量变动百分比除以价格变动百分比来计算。后来需求价格弹性的概念被应用到各种具有因果关系的变量之间。

运输需求函数可以从数学上表示成如下函数:

$$Q = Q(P, Y_1, \cdots, Y_j, \cdots, Y_m) \tag{4-1}$$

式中:Q——运输需求量;

P——运输价格;

Y_j——除价格以外的其他影响因素,例如,人均收入、GDP 或工农业产值等,$j = 1, 2, \cdots, m$。

为求简化,上式中可仅保留一个非价格因素 Y,表示为:

$$Q = Q(P, Y) \tag{4-2}$$

从理论上说,公交需求可以从数学上表示成影响因素(自变量)的函数,即:

$$D_f = f(x_1, x_2, \cdots, x_n) \tag{4-3}$$

式中:D_f——公交需求(乘客数);

x_i——影响因素($i = 1, 2, \cdots, m$)。

式(4-3)是一种抽象函数形式,具体函数形式需要应用统计分析技术得到。

需求对影响因素的变化产生的反应称为需求弹性。假设,对于任意给定的 x_i,存在一个需求函数:

$$D_i = f(x_i) \quad (i = 1, 2, \cdots, m) \tag{4-4}$$

公交需求弹性用来分析公交需求量随其影响因素变化而变化的反应程度,即它是公交需求量变化的百分率与影响公交需求的因素变化百分率的比值。公交需求的价格弹性 E_d 反映了公交需求量对公交票价变动的反应程度,表示为:

$$E_d = \frac{\Delta Q}{Q} \bigg/ \frac{\Delta P}{P} = \frac{\Delta Q}{\Delta P} \cdot \frac{P}{Q} \tag{4-5}$$

式中:Q、ΔQ——公交需求量及其变化量;

P、ΔP——公交价格及其变化量。

根据影响因素的变化程度差异,弹性有几种不同的计算方法。参考经济学中需求价格弹性的概念,可以将需求弹性定义为:

$$e_{x_i} = \frac{\Delta y}{y} \bigg/ \frac{\Delta x_i}{x_i} \tag{4-6}$$

式中:Δy——需求 y 的变化量;

Δx_i——影响因素 x_i 的变化量。x_i 可以是任何可能的影响因素。例如,当 x_i 为出行费用时,可以衡量价格弹性。

当 Δx_i 趋于无穷小时,则得到点弹性的定义:

$$e_{x_i}^{\text{point}} = \lim_{\Delta x_i \to 0} \left(\frac{\Delta y}{y} \bigg/ \frac{\Delta x_i}{x_i} \right) = \left(\frac{\partial y}{\partial x_i} \right) \frac{x_i}{y} \tag{4-7}$$

式中:$\frac{\partial y}{\partial x_i}$——由需求函数得到的需求量对影响因素 x_i 的偏导数。

需求与影响因素的关系往往用需求函数和需求曲线表示,例如出行费用和出行需求量之间的关系。点弹性即需求曲线上某点(x_i,y)处的斜率$(\partial y/\partial x_i)$乘以$(x_i/y)$。值得注意的是,除非需求曲线已知,否则无法通过某点处的点弹性去推测另一点处的点弹性。

点弹性通常只能用于影响因素变化程度较小的情况。在现实环境中,影响因素可能发生很大的变化(如出行费用),Δx_i趋于无穷小的条件不容易满足。在影响因素发生离散变化或较大变化的情况下,需采用不同于式(4-6)的弹性计算方法。

下面讨论不需满足Δx_i趋于无穷小条件,即适用于影响因素变化程度较大的情况。

(1)弧弹性

弹性的对数形式定义如下:

$$e = \frac{\mathrm{d}y}{y} \bigg/ \frac{\mathrm{d}x}{x} = \frac{\mathrm{d}(\ln y)}{\mathrm{d}(\ln x)} \tag{4-8}$$

某影响因素x_i的弧弹性如下:

$$e_{x_i}^{\mathrm{arc}} = \frac{\log y_2 - \log y_1}{\log x_{i2} - \log x_{i1}} = \frac{\Delta(\log y)}{\Delta(\log x_i)} \tag{4-9}$$

式中:y_1——变化前的需求量,对应影响因素x_{i1};

y_2——变化后的需求量,对应影响因素x_{i2}。

由此可见,已知需求曲线上的两个点才能计算弧弹性。

(2)中点法计算弹性

在计算需求曲线上两点之间的需求弹性时,从 A 点到 B 点的弹性不同于从 B 点到 A 点的弹性,避免这个问题的一种方法是用中点法计算弹性。计算变动百分比的标准方法是用变动量除以原来的水平,而中点法是用变动量除以原先水平与最后水平的中点值来计算变动百分比。

计算两点间需求弹性的中点法可以用以下公式表示:

$$e_{x_i}^{\mathrm{arc}} = \frac{y_2 - y_1}{0.5(y_2 + y_1)} \bigg/ \frac{x_{i2} - x_{i1}}{0.5(x_{i2} + x_{i1})} = \frac{(y_2 - y_1)(x_{i2} + x_{i1})}{(y_2 + y_1)(x_{i2} - x_{i1})} \tag{4-10}$$

(3)收缩率

收缩率常被公交企业用于分析公交费用变化引起的需求变化,其定义如下:

$$e_{x_i}^{s} = \frac{y_2 - y_1}{x_{i2} - x_{i1}} \left(\frac{x_{i1}}{y_1}\right) \tag{4-11}$$

公交企业还常用"乘客抗性"衡量票价提升带来的影响,其定义如下:

$$e_{x_i}^{s} = \frac{y_2 - y_1}{x_{i2} - x_{i1}} \left(\frac{x_{i2}}{y_1}\right) \tag{4-12}$$

当影响因素变化不大时,弧弹性、中点法计算弹性和收缩率三种方法得到的弹性值往往相似;甚至影响因素变化趋于无穷小时,和点弹性值也基本相当。而当影响因素变化较大时,各种方法得到的弹性值差异较大,尤其是收缩率与弧弹性或中点法之间的差异。有研究表明(*Appendix III.2 of the* 1980 *study*,Webster and Bly,1980),当影响因素的值增大时(如费用增加),中点法、弧弹性和收缩率依次递减;反之,当影响因素的值减小时(如费用降低),三种弹性值依次递增。

常用的弹性测量方法是点弹性和弧弹性。弹性常作为收入对票价变化的反应程度的衡量工具,点弹性可以直接地展示票价变化对收入的影响。通常,当点弹性大于 -1.0,即价格上升 1% 引起需求量的下降超过 1% 时,如图 4-4 所示,此为需求富有弹性的情况,票价提高会引起收入减少;如果点弹性小于 -1.0,即价格上升 1% 引起需求量的下降少于 1% 时,如图 4-5 所示,此为需求缺乏弹性的情况,票价提高可使收入提高。弧弹性和中点法计算弹性也基本能够找到类似的分界点进行分析,但收缩率则找不到明显区分票价对收入影响的分界点,因此很少被使用。

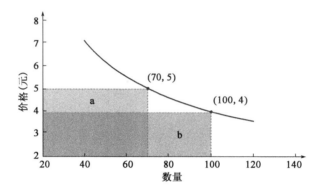

图 4-4　需求富有弹性的情况

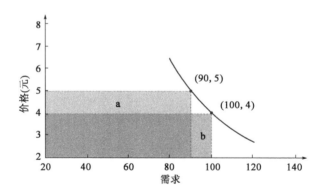

图 4-5　需求缺乏弹性的情况

弧弹性优于中点法计算弹性的原因主要是需求函数的数学性质。弧弹性的计算基于需求函数是凸函数的假设,而中点法则基于需求函数为线性函数的假设。许多研究表明,这里讨论的需求函数更符合凸函数的性质,因而弧弹性更适用(详细说明参见 *The demand for public transport:A practical guide*,TRL Report, TRL593,TRL Limited,Crowthorne, UK)。考虑以下需求函数:

$$y = k(x_1^{\alpha_1} \cdot x_2^{\alpha_2} \cdots x_i^{\alpha_i} \cdots x_n^{\alpha_n}) = k\prod_i x_i^{\alpha_i} \tag{4-13}$$

其中,k 和 α_i 是常数。这一需求函数为凸函数,其点弹性和弧弹性都与解释变量的值无关,总是相同,恒定为 α_i。因此被称为恒定弹性需求函数。由于需求对影响因素的反应程度信息都包含于一个参数内,使用这一需求函数适用性更强。而弧弹性适用于这一需求函数,因此在影响因素有较大变化的情景下,弧弹性成为首选的指标。

4.2.2 实际应用

下面是应用需求价格弹性计算公交出行量的一个例子。假定依据某城市的公交出行调查得出该城市的需求函数为

$$N = p^{-0.3} t^{-0.3} a^{0.2} c^{-0.3} \tag{4-14}$$

式中：N——公交出行量；
　　　p——票价，美元；
　　　t——出行时间，h；
　　　a——私家车出行费用，美元；
　　　c——平均收入水平，美元。

由需求函数可以看出，票价弹性值为 -0.3，假设在平均每次出行的票价是 1.20 美元时，公交系统中乘客数为 20000 人/h，那么当票价变为 0.80 美元时，票价变化率为 $(0.8-1.2)/1.2 = -33.33\%$，此时乘客数的变化率应为 $+9.99\%$，故此时乘客数会变为 21998 人/h。可以发现，降低票价前企业的票价收入为 24000 美元，而降低票价后的票价收入为 17598 美元，企业反而损失了 $24000-17598=6402$ 美元，表明实际调整票价时必须要考虑票价与需求的弹性关系值。另外，同样可以看出私家车出行费用弹性值是 0.2，当私家车的出行费用（包括停车费用）从 4.00 美元增加至 4.60 美元时，私家车出行费用变化率为 $(4.60-4.00)/4.00 = 15.00\%$，公交出行量变化率应为 3.00%，即此时乘客数会变为 20600 人/h，反映出竞争方式出行费用对于公交出行量的量化影响。

既有关于影响因素和弹性值之间关系的研究，特别是关于公交票价的弹性研究显示，使用区间取值比使用点取值更值得推荐，原因是弹性分析中不可避免地存在一些不确定因素。在影响公交需求的因素中，一般认为对接近 1.0 的弹性值（或者接近或小于 -1.0），公交需求具有弹性。国外有学者系统研究过短期（2 年以内）和长期（5~10 年）公交需求预测的弹性值，如表 4-1 所示。

公交需求弹性预测结果　　　　　　　　　　表 4-1

周　　期	服 务 质 量	票价（高峰小时）	票价（非高峰小时）
短期（2 年以内）	0.5~0.7	—	
长期（5~10 年）	0.7~1.1	-0.6~-0.4	-1.0~-0.8

相关研究结果表明：
(1) 相比于服务质量，非高峰小时内的公交需求对于票价更具有弹性。
(2) 非高峰小时内的票价增长会导致更多的需求下降，而高峰小时内有更多的公交需求是刚性需求。
(3) 休闲出行的票价弹性比上下班出行更高，约为 2 倍。
(4) 短程出行和小城市之间出行的票价弹性比远程出行和大城市间出行更高等。

在具体研究过程中，可以通过需求变动和价格变动之间的函数关系式来建立模型，以定量研究某个具体影响因素对公交需求的影响。例如 2005 年在香港的一项研究表明，香港乘客需求对于票价的弹性相当大。在香港，票价每减少 1%，将会使公共交通需求增加 1.33%~1.45%，而在加拿大仅为 0.3%。

国内对于城市公交影响因素弹性分析的理论研究较少,主要是结合某个城市的统计年鉴及调查数据计算公交票价、出行时间和小汽车出行费用等较少的因素对公交出行选择概率的弹性,分析公交客流量的变化情况,为政府制定公交政策及企业改善服务时提供参考。例如2012年的一项研究得出济南公交票价弹性值为-0.234,公交出行时间的弹性值为-0.394,即公交出行时间对公交出行需求的弹性要高于公交票价的弹性,说明通过缩短公交出行时间,提高公交服务水平来增加公交出行吸引力将更有效,当然,这与我国城市公交普遍实施低票价政策有关。

在基准票价水平较低的情况下,单纯利用票价折扣很难达到刺激乘客改变出行行为的阈值。2019年的一项关于峰前折扣票价下轨道交通乘客出发时间弹性研究,以北京地铁峰前折扣票价政策为背景,利用自动售检票数据研究折扣票价对乘客出发时间的影响。政策的具体内容如表4-2所示。北京地铁在八通线、昌平线及6号线的部分站点对工作日07:00前进站乘客给予一定的票价折扣,以此吸引客流在出行时间上发生转移,从而降低高峰期负荷。

北京地铁峰前折扣票价政策　　　　表4-2

线路	折扣试点站	折扣比例(%)			折扣时段
		2016年	2017年	2018年	
八通线	土桥、临河里、梨园、九棵树、果园、通州北苑、八里桥、管庄、双桥、传媒大学、高碑店	30	50	50	07:00前
昌平线	南邵、沙河高教园、沙河、巩华城、朱辛庄	30	50	50	07:00前
6号线	北运河西、通州北关、物资学院路、常营、草房、黄渠、褡裢坡、青年路	—	50	50	07:00前

以该项政策为背景,研究首先建立分类指标对客运市场及乘客群体进行了划分;在此基础上,基于乘客的首次出行时间进行前后对比,对出发时间发生转移的乘客进行辨识;最后,测定不同类型乘客出发时间的转移量(即"转移时长")。转移结果如图4-6、图4-7所示,表明乘客的出行转移同转移时长呈负相关态势,出行转移量的大小随出行市场的增加而下降。

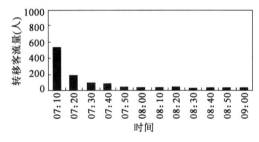
图4-6 短期转移客流量分布

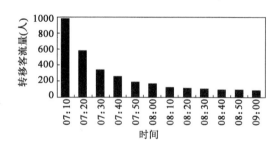
图4-7 中期转移客流量分布

基于这一结果,对不同类型乘客对票价的弹性做进一步分析,得到的结果如图4-8~图4-10所示。图中类型1~类型5分别代表标准通勤乘客、弹性通勤乘客、高频常乘客、生活出行乘客及短期低频乘客。结果表明:①乘客出发时间票价弹性随转移时长增加而急剧下降,30min几乎是乘客所能接受的最大转移时长;②不同类型乘客的弹性存在差异,其中通勤类乘客的弹性最低,低频及生活类乘客相对富有弹性;③相比于票价折扣的数值,折扣的时段范围对客流转移具有更大的影响。上述结果表明,限制当前折扣票价政策效果的主要因素在于折扣截止时间过早。该研究能够为差别定价方案编制及优化提供关键参数。

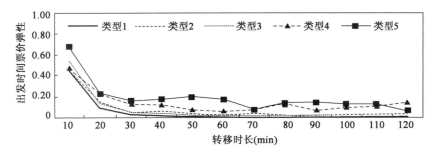

图 4-8　短期乘客出发时间票价弹性

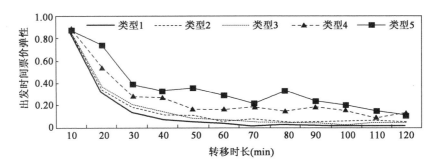

图 4-9　中期乘客出发时间票价弹性

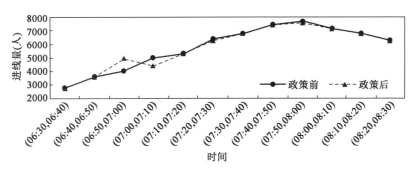

图 4-10　八通线政策实施前后进线量分布

4.3　公交需求预测原则

所谓公交需求预测,就是根据公交系统及其外部系统的过去和现状交通信息预测未来的交通信息,根据历史经验、客观资料和逻辑判断,寻求公交系统的发展规律和未来趋势的过程。由于公共交通需求受到各种内外部因素及其发展条件的影响,因此,城市公交需求预测是对未来的一种预见,更是一种决策。即既要探索和掌握公共交通需求未来的发展规律,更是基于有限的资源条件下正确引导和合理调控未来的公共交通需求。下面是进行公交需求预测时应遵循的基本原则。

1) 理论与实践相结合

公共交通需求预测是一项实际操作性很强的工作,将预测理论和实践工作进行有机结合,灵活运用预测理论,是得出科学的预测结果的基本保障。

2) 系统化的思想

城市公共交通系统作为城市客运交通系统的一个子系统,既有其内在的运行机制又受外部环境条件的制约。因此,研究时要将其包含在城市客运交通系统的客观环境中,寻求整个城市公共交通系统与外部系统的协调。

3) 定性与定量相结合

定性分析预测着眼于对事物"质"的判断,其正确与否主要依靠预测者的洞察能力,并借助经验和逻辑推断完成;而定量分析预测是在前者的基础上采用数学方法完成,重在"量"上的精确表达。两者的有机结合才能对城市公共交通的发展有客观的、科学的预测。

4) 发展与控制相结合

对城市客运交通系统的客流分布与分配规律的研究表明:城市客运系统的客流分布与分配具有宏观受控和微观竞争的规律性,公交系统的客流增长变化以及不同公交方式的客流分担状况如何,宏观上是受到控制的,并且也应当给予适当的控制,同时,在微观上又存在着其他交通方式竞争的影响。

由于城市客运需求的多样性,客观上要求城市交通供应系统提供多元化的服务,而不同的交通方式因特定的技术、经济、运营特性,只能适应一定的需求,因此,从系统工程和控制论的观点出发,既要发挥各种交通方式的优势、特点,又要使其相互补充、分工合作,发挥系统的整体功能,必须从宏观上对城市客运交通系统的发展进行统筹规划、协调控制,控制不仅必要而且客观存在。

按照控制论的基本思想,要对系统的发展状况进行有效的控制,不仅要有明确的控制目的,而且必须有明确的控制内容和控制策略,即要明确需要控制什么、能够控制什么、如何进行控制等。以快速大容量客运系统为例,控制其客流分担状况的目的在于使快速大容量客运系统所分担的客运量是整个客运大系统中各种交通方式合理分工的结果,并且使快速大容量客运交通在其他交通方式的配合下充分发挥其作用,例如可以通过常规公交车或自行车的接运来扩大其客流吸引范围,根据这一控制目标,对快速大容量客运系统客流分担状况的控制,大致可以分为以下三个层次:

(1) 远景发展战略规划层次——政策控制

根据城市的性质、规模、用地布局、经济发展水平及有关国家政策,明确城市交通设施发展建设的宏观构架与目标,据此对交通建设项目的投资决策进行控制。例如:法国在20世纪60年代蓬皮杜总统任期时,曾提出发展小汽车的政策,准备大量建造快速道路,但是很快发现,这样发展下去,将给社会带来严重问题,城市交通会越来越拥挤,于是及时改变政策,对城市快速道路建设项目进行了控制,而投资几百亿法郎修建了巴黎的RER快速地铁网,可见,通过政策对项目投资分配进行控制,可以协调不同交通设施、交通工具的发展规模与发展水平,从而引导客流在不同交通方式间的分配。

(2) 中长期综合交通规划层次——规划控制

根据交通发展的战略目标、投资条件以及规划期的城市客运需求的分布特点,对不同交通方式的线网布局、场站设置以及交通设施的建设规模进行规划控制。例如:控制交通干线的最小间距,在快速大容量交通直接服务的区域,不另辟平行的快速干道,在市中心区等交通繁忙、客流集中、用地紧张区域,控制小汽车等机动车停车场的容量、布局以及通向中心区的干线道路数目和通行能力,可促使个体交通向公共交通转换。

(3)交通运营组织与管理层次——运营控制

为了充分发挥各种交通方式的效能,对各类车辆设备的数量、质量、发车频率、票价、运行线路、停靠站点、私人个体交通工具的购买和使用等也都应给予一定的控制。例如,20世纪70年代末,香港在九广铁路和地下铁路建成投入运营初期,为了保障"两铁"的效益,曾制定若干交通政策,限制巴士对铁路的竞争;而到了20世纪80年代末,"两铁"的发展结束了,乘客量达到饱和,且在早高峰期间出现了严重的超载情况,这时政府认为没有必要再限制巴士对铁路的竞争,转而鼓励巴士改善铁路沿线的服务,以减轻铁路拥挤的状况。

可见,由于控制的必要性和客观存在性,城市交通系统的客流分担状况就不是单纯的不同交通方式之间自由竞争的结果。但另一方面,由于微观个体出行时对交通工具或交通方式的选择具有自主性、随意性,因此微观上不同方式之间必然存在着相互竞争,客流分配控制只能是宏观调控。从不同层次,通过立法、行政、规划、经济杠杆等不同手段,协调控制各种交通设施与交通工具的发展规模、发展水平、服务质量与服务范围等,亦即通过对供应系统的供应特性进行调节,引导微观的出行者个人对出行方式和交通工具进行合理的选择与使用,从而实现客流分配控制的目标。

在实际规划过程中如果能坚持贯彻以上预测原则,将对公交需求预测工作大有裨益。

4.4 公交需求预测基本方法及案例

交通需求预测技术发展的历史已经长达半个多世纪。从20世纪50~60年代以交通小区为单位进行数据统计分析建模的集计分析(Aggregate Analysis)模型体系的建立,至20世纪70年代以出行者个人(或家庭)为单位进行出行行为建模的非集计分析(Disaggregate Analysis)模型的发展;从20世纪80年代初期将人的行为视为一连续的活动过程——行为链进行模拟至20世纪80年代后期各国大量交通规划软件包的推广,交通需求预测技术的发展成绩卓著,各种方法各有特色。

4.4.1 需求分析建模流程

面向中长期的城市公共交通发展规划,广泛采用的公交需求预测的基本方法是以城市社会经济发展和土地利用为基础、以乘客交通方式和路径选择行为建模为主要技术手段的"四阶段预测法",即"交通生成—交通分布—方式划分—交通分配"四步骤预测方法。该方法以其清晰的思路和模型结构,相对简单易行的数据采集和处理分析等特点,在世界各地的交通规划中扮演着重要角色。"四阶段预测法"是《交通规划》等专业核心课程重点讲授的理论方法,有关方法模型可查阅交通规划方面的教材和书籍。

公交需求分析模型的建模流程一般包括以下三个阶段:

(1)创建交通供给模块。

(2)创建交通需求模块。

(3) 模型校验。

其中,交通供给模块主要包括如下供应数据:各种客运交通方式、道路路段及节点、公交线路及站点等。输入交通供给的一般流程为:首先对交通系统中各种客运交通方式进行定义,然后建立由道路路段及节点、公交线路及站点等构成的综合交通网络;最后输入各要素的属性,如公交线路发车频率及运载能力、各种时间信息(路段运行时间、信号灯延误时间、进出站延误时间、进站停靠时间)等。

建立交通需求模块的一般流程为:首先建立交通小区,输入交通小区人口、就业岗位等基本数据,创建需求类型及交通需求的时间分布特征等;然后针对不同需求类型进行模型参数标定,主要通过拟合城市交通出行特征获得,包括出行产生率与吸引率、出行分布参数、方式划分模型各参数、交通分配模型各参数等。

在模型校验阶段,通过模型运行数据与现状调查数据的对比校验,调整模型相关参数及公交出行 OD 矩阵,提高模型与现状的拟合度,使模型结果能够较准确地反映公交实际运行状况。校验数据主要包括公交客流总量、客流走廊断面客流量、平均运距、各线路客流量、换乘系数等。

利用经过校验的公交模型进行各目标年公交需求预测分析,主要包括公交 OD 矩阵,客流走廊断面客流量,各条公交线路客流量、周转量,各站点上下客量、换乘量,线网平均换乘系数等。由于需求分析模型中的输入数据,如人口规模、土地利用、衔接方式、票制票价等因素常常存在不确定性,会对客流需求预测结果产生影响,模型参数中的出行生成率以及出行分布、方式划分、交通分配模型中的参数取值也会对结果产生影响,因此,通常还应对预测结果可能存在的偏差范围及其影响程度进行估计,即进行敏感性分析,并制订应对措施。

下面结合湖州市长兴公共交通规划案例简要介绍公交需求预测的基本流程和主要内容。

长兴县公共交通发展需求预测采用经典"四阶段预测法",在借鉴国内外相关研究成果和实践经验的基础上,综合各种交通方式的协调发展及其他相关因素的影响,形成完整的预测框架(图 4-11)。

该框架充分考虑了交通系统的内部平衡以及与外部环境的协调,具体思路包含以下几点:

(1) 通过现状调查,充分掌握长兴县城市社会经济活动、土地利用和城市交通的特征、规律和趋势,如城市的人口规模、构成及增长,城市产业结构与就业岗位,交通设施的水平、布局以及居民出行特征。

(2) 分析现状长兴县交通出行需求与社会经济发展要素之间的相互联系,结合预测的规划年社会经济发展指标,采用原单位法预测规划年的交通生成量。

(3) 通过现状居民出行 OD 矩阵和道路网络,标定出行阻抗,应用重力模型对交通分布进行预测。

(4) 结合居民出行调查数据与各交通方式合理的出行范围,拟合各交通方式的距离转移函数,以此预测规划年各交通方式的出行分担率。

(5) 在对公交网络进行速度、发车频率、客运能力等一系列参数设置的基础上,采用随机用户均衡(Stochastic User Equilibrium,SUE)模型,最终得出公交需求预测结果。

4.4.2 预测工作基础

1) 交通分析区划分

交通分析区是指用地性质、居民构成、交通特点相似地区的结合体,是交通调查分析的基本统计分析单元。交通分析区划分的目的是将交通需求的产生、吸引与一定区域的社会经济指标联系起来,并将交通需求在空间上的流动用分析区之间的交通分布图表示出来。交通分析区划分是否得当,直接影响到分析及预测的工作量和精度。

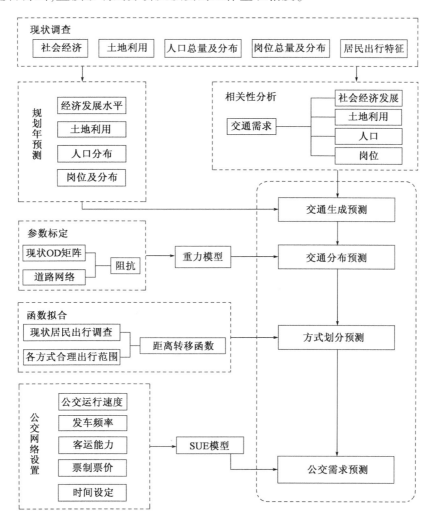

图 4-11 长兴县公共交通发展需求预测技术框架

结合交通预测的需要,根据长兴县的城市结构及行政区划情况,将长兴中心城区划分为 7 个交通中区,分别为城北片区、城西片区、龙山新区、开发区、太湖片区、核心片区和画溪片区。为了进一步细化交通出行需求,在上述交通中区划分的基础上,根据自然界限、行政界限和土地利用进行进一步细分,将规划区划分为 52 个交通小区。具体如表 4-3 和图 4-12 所示。

交通中区划分表　　　　　　　表 4-3

序号	中区名称	包含小区名称
1	城北片区	2,3,4
2	城西片区	7,47
3	龙山新区	8,9,13,14,17,18
4	开发区	10~12,15,16,19~21,28~30,39,44,45,59

续上表

序 号	中 区 名 称	包含小区名称
5	太湖片区	5,6,22,23,24
6	核心片区	25~27,31~38,40~43
7	画溪片区	50,51,52,54,55,57

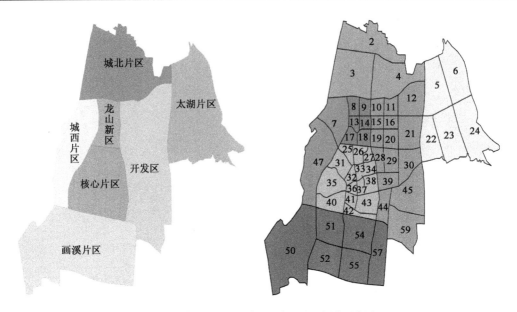

图 4-12 中心城区交通中区及交通小区划分示意图

2）城市用地数据整理

根据《长兴县土地利用总体规划（2006—2020年）》，对各交通小区的土地利用状况给予量化。按交通中区统计用地分布情况如表 4-4 和图 4-13 所示。

中心城区 2020 年交通中区土地利用分布统计表（单位：万 m²）　　表 4-4

序号	中区名称	R 居住用地	R1 一类居住	R2 二类居住	B 商业服务业设施	B2 商务设施	BM 商业工业	BR 商住用地	M 工业用地	S3 综合交通枢纽用地	S4 交通场站	A1 行政办公	A2 文化设施	A3 教育科研	A5 医疗卫生
1	城北片区	73.87	20.25	298.28	65.30	34.66	183.72	45.89	0	0	0	12.13	20.38	42.59	0
2	太湖片区	0	26.98	427.67	72.11	58.91	131.93	131.81	86.36	1.37	0	1.13	3.60	16.49	4.47
3	开发区	0	0	488.03	327.35	54.57	17.97	208.00	428.58	0	0	6.30	17.62	10.56	2.72
4	龙山新区	0	0	159.71	65.86	2.16	0	6.09	0	0	0	7.95	4.23	11.21	0
5	城西片区	0	3.42	424.47	79.85	0	0	0.00	0	0	0.09	8.85	1.13	18.29	0.84
6	核心片区	0	2.86	671.43	95.96	7.66	0	259.18	2.00	9.75	0	5.54	5.60	50.60	6.58
7	画溪片区	0	0	218.78	73.70	32.29	0	181.21	573.21	1.11	0.49	3.37	0	5.67	3.90

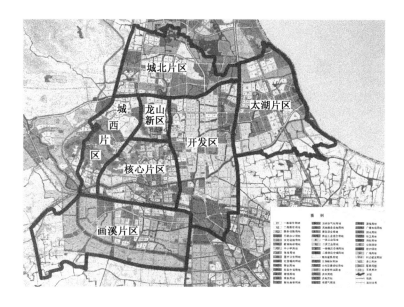

图 4-13 中心城区 2020 年用地规划图

3）交通区人口分布预测

在社会经济预测中，城市人口数是最基础且最重要的指标。因为在一块土地上居住的人口数，一般最能反映人们在这块土地上从事社会经济活动的强度。对城市人口分布的预测，也为深入分析其他社会经济发展指标提供了基本条件。

根据《长兴中心城区综合交通规划》，2020年长兴中心城区人口将达到 31 万，各交通小区的人口规模在中心城区总人口数确定的情况下，按照各小区的居住用地面积进行人口分配，人口分配的主要思路如图 4-14 所示。

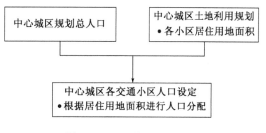

图 4-14 人口分配流程图

按照上述思路，得出长兴县中心城区人口分配率指标如表 4-5 所示。以人口分配率为基础，按照各交通小区统计的居住用地面积，计算得到各交通区的人口分布情况。

人口分配计算指标　　　　　　　　　　　　　　　　表 4-5

总人口（万人）	总居住用地面积（万 m^2）	人口分配率（人/m^2）
31	3529.0701	8.78×10^{-3}

4）就业就学人口数与岗位分布预测

劳动力是城市生产、服务等重要经济活动的直接参与者，劳动力产生的上班、公务等出行是城市居民出行的主体。因此，就业率及就业岗位数是交通需求预测中的重要指标。对城市学生而言，其上学、回家出行也是城市居民出行的重要组成部分，故在校学生数和就学岗位总数需重点考虑。根据《长兴中心城区空间协调规划》对 2020 年长兴中心城区就业就学率的预测，得到 2020 年中心城区总就业与就学人数如表 4-6 所示。

长兴县中心城区 2020 年就业与就学人数统计表　　表 4-6

总人口(万人)	就业率(%)	就业人口(万人)	就学率(%)	就学人口(万人)
31	46	14.26	16	4.96

　　与人口分配类似,各交通小区的岗位规模在中心城区就业岗位和就学岗位总数确定的情况下,按照各小区的就业土地利用面积和就学土地利用面积进行分配,岗位分配的主要思路如图 4-15 所示,按照岗位分配流程,计算得到各交通小区岗位分布如图 4-16 所示。

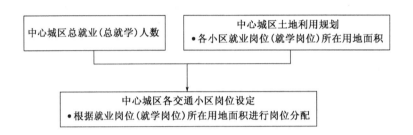

图 4-15　岗位分配流程图

注:就业岗位所在用地面积 = A1 + B2 + TM + A2 + A3 + A5 + B,就学岗位所在用地面积 = A3 + R22。

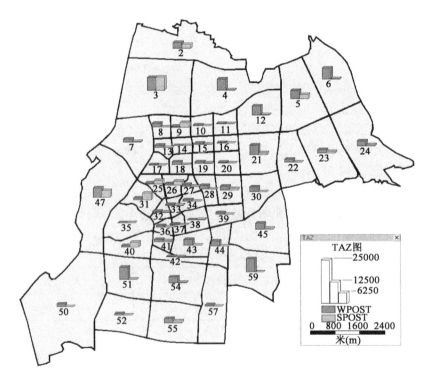

图 4-16　中心城区 2020 年岗位分布图
WPOST-就业岗位;SPOST-就学岗位

　　综合上述分析,以交通中区为单位对人口和岗位统计结果如表 4-7 所示。

交通中区人口及岗位分布汇总表 表4-7

序号	中区名称	人口 数量(人)	人口 比例	就业岗位 数量(个)	就业岗位 比例	就学岗位 数量(个)	就学岗位 比例
1	城北片区	37926	12%	21593	15%	12679	26%
2	太湖片区	49860	16%	22459	16%	6139	12%
3	开发区	58530	19%	44647	31%	4262	9%
4	龙山新区	14488	5%	7846	5%	3336	7%
5	城西片区	37587	12%	8991	6%	5660	11%
6	核心片区	78746	25%	17192	12%	15539	31%
7	画溪片区	32862	11%	20084	14%	1985	4%

5) 居民出行目的结构

在2013年5月进行的居民出行调查中,出行目的被划分为10类,为了便于需求预测模型的应用,将居民出行调查中的10类出行目的归类整理为四大类,主要思路如下:将日常出行主要的上班、上学统一归为通勤目的;将所占比例较小的、出行模式相似的购物、文体娱乐、接送他人、探亲访友归纳为弹性目的;将所占比例较小的公务、其他归为其他目的;将行动模式相似的回单位、回家归纳为回程目的。具体划分如图4-17所示。

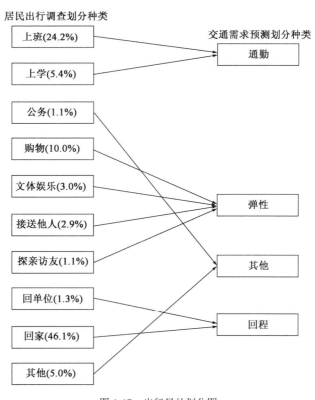

图4-17 出行目的划分图

注:括号内数值为居民出行调查中各出行目的构成比例。

6) 出行方式分类

对于出行方式分类,按照不同方式出行距离、速度以及交通工具所属的不同,分为以下5

类。各类型涵盖的出行方式如表 4-8 所示。

出行方式分类表 表 4-8

序号	1	2	3	4	5
类型	步行	传统非机动车	助力非机动车	私人机动车	公共交通
涵盖种类	步行	自行车+三轮车	电动自行车	小汽车	常规公交+单位班车

7) 道路网络

道路网络以总体规划道路网络为基础，考虑中心城区现状道路系统，按高速公路、快速路、主干路、次干路、支路进行等级划分，并按道路横断面形式统计道路宽度、路幅形式、长度、是否中央分隔带、是否机非分离、车行道宽度、非机动车道宽度、人行道宽度等参数数据，由此构建长兴县中心城区的道路网络模型。中心城区的道路网络由 714 个节点和 1188 条路段构成，不同道路等级的路段组成如表 4-9 所示。

长兴县中心城区道路网络组成 表 4-9

道路等级	路段数量（条）	道路等级	路段数量（条）
高速公路	2	次干路	311
快速路	10	支路	632
主干路	233		

根据综合交通规划对道路等级、分隔形式进行统计，在路段设计通行能力的基础上，对非机动车影响因素以及车道宽影响因素进行系数修正，计算各路段通行能力。

8) 公交网络

公交网络信息的设置包括公交运行速度、发车间隔、候车时间、客运能力、票价等。公交运行速度参照《公共交通通行能力和服务质量手册》(Transit Capacity and Quality of Service Manual, TCQSM)，采用 $S_t = \left(\dfrac{60}{t_r + t_l}\right) \cdot f_s \cdot f_b$ 计算公交运行速度。其中公交基本行程时间 t_r 通过公交基本运行速度求解，公交基本运行速度取机动车速度的 75%，但不低于 10km/h，最高不超过 30km/h。公交运行损失时间 t_l 根据 TCQSM 中的建议值，分中心区公交专用道、外围区公交专用道以及非公交专用道三类取不同的损失时间，见表 4-10。

公交运行损失时间 表 4-10

类型	公交运行损失时间 t_l（min/km）
中心区公交专用道	0.4（有公交专用信号）
外围区公交专用道	0.6
非公交专用道	1.8

由于不考虑运营组织形式，此处停靠形式修整系数 $f_s = 1.0$。对于公交相互干扰修正系数，此处设定公交饱和度为 0.5，对应公交影响修正系数 $f_b = 0.97$。候车时间取发车间隔的一半。客运能力按照每车容纳 60 人计算，每条线路单向通行能力为（60×每小时发车次数）。票价按照基本票价 1 元，公交 IC 卡刷卡票价 0.9 元计算。

4.4.3 交通生成预测

交通生成包括交通产生和吸引两部分，采用总量控制和原单位法进行交通生成的预测。

1) 总体规模预测

参考国内其他类似城市人口出行的数据,按照一定的增长系数,确定长兴县中心城区2020年人均总出行次数为2.70次/(人·d),不同出行目的的出行次数如表4-11所示。

现状及预测出行率[单位:次/(人·d)]　　　　　表4-11

项　　目	通勤	弹性	其他	回程	总出行次数
2013年调查	0.67	0.39	0.14	1.07	2.27
2020年预测	0.68	0.49	0.18	1.35	2.70

根据《长兴中心城区综合交通规划》,2020年中心城区人口为31万,按照表4-10的预测数据,得出2020年长兴县中心城区居民出行总体规模(表4-12)。

2020年长兴县中心城区居民出行总体规模预测表　　　　　表4-12

预测人口(万人)	31.00	弹性	15.19
出行次数[次/(人·d)]	2.70	其他	5.58
出行总量(万人次/d)	83.70	回程	41.85
其中:通勤(万人次/d)	21.08		

2) 原单位法生成预测

作为个人出行发生吸引原单位的说明指标,一般采用人口指标,在规划中易于设定的指标有人口、岗位等,本次规划选取的各出行目的的说明指标,如表4-13所示。

发生吸引原单位说明指标　　　　　表4-13

出行目的	发　　生	吸　　引
通勤	总人口	就业就学岗位
弹性	总人口+就业就学岗位	总人口+就业就学岗位
其他	总人口+就业就学岗位	总人口+就业就学岗位
回程	就业就学岗位	总人口

由于外围片区的出行强度低于中心片区,因此,在上述2020年出行次数预测的基础上,分片区细化不同目的的出行次数(表4-14)。

分片区出行次数细化表[单位:次/(人·d)]　　　　　表4-14

出行目的	中心片区	外围片区
通勤	0.8	0.59
弹性	0.46	0.34
其他	0.16	0.12
回程	1.42	1.04

注:中心片区包括核心片区、龙山新区、开发区,外围片区包括城北片区、城西片区、太湖片区和画溪片区。

由此得到的交通小区的出行生成量如图4-18所示。

4.4.4　交通分布预测

采用重力模型进行预测,重力模型的基本形式如下:

$$T_{ij} = a_i \cdot P_i \cdot b_j \cdot A_j \cdot f(d_{ij}) \tag{4-15}$$

$$a_i = \frac{1}{\sum_z b_z A_z f(d_{iz})}, b_j = \frac{1}{\sum_z a_z P_z f(d_{zj})} \tag{4-16}$$

式中：P_i、A_j——小区的产生量和吸引量；
$f(d_{ij})$——阻抗函数；
a_i、b_j——平衡系数。

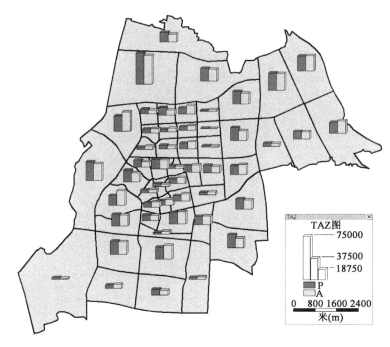

图 4-18　中心城区 2020 年交通小区出行生成图

本案例中，阻抗函数采用 Gamma 函数，其表达形式如下：

$$f(d_{ij}) = a \cdot d_{ij}^{-b} \cdot e^{-c \cdot (d_{ij})} \quad (a > 0, c \geqslant 0) \tag{4-17}$$

式中：d_{ij}——交通小区 i 及 j 之间的最小效用；
a、b、c——函数参数。

利用 2013 年居民出行调查的数据，对四种出行目的的重力模型参数标定如表 4-15 所示。

重力模型阻抗参数标定结果　　　　　　　　　　表 4-15

出 行 目 的	a	b	c
通勤	3855.732	0.8114	0.0823
弹性	44704.7514	1.3048	0.1079
其他	3.5502	0.3095	0
回程	137.5230	1.2026	0

应用上述模型得到的交通中区交通分布如图 4-19 所示。

将现状居民调查得到的出行分布数据与预测的远期出行分布数据分别进行统计（图 4-20），从出行区域和出行距离的变化可以发现：

(1)城市空间结构扩大,区间出行明显增多,比例为58%,多于区内出行。
(2)2020年居民平均出行距离2.93km(2013年为1.91km),4~6km和6~10km范围内的长距离出行比例明显增加。

由此可以推断,未来公交出行的潜在需求将进一步增加。

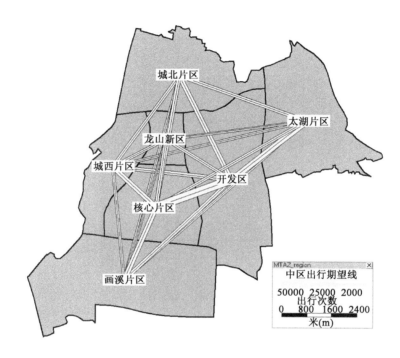

图4-19 中心城区2020年中区出行分布图

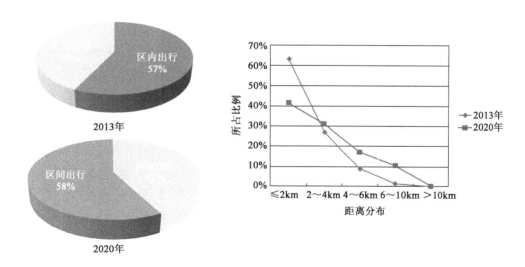

图4-20 现状与预测出行分布对比图

4.4.5 方式划分预测

交通方式划分预测常用方法有转移曲线法、回归模型法和概率模型法等。其中,转移曲线法是通过对居民出行调查资料的统计分析,建立城市内各种交通方式的分担比例与其影响因素之间的关系曲线,称之为转移曲线。影响因素包括交通小区之间的距离、行程时间或各交通方式所需的时间差等。

本案例中交通方式划分采用距离转移曲线法,按照上文出行方式划分种类,通过居民出行调查数据获取基础的交通方式分担比例与出行距离之间的关系,考虑公交供应水平、分布特征对交通方式划分的影响,同时结合相关交通发展政策趋势,确定各出行方式的距离转移函数。

(1)步行:距离转移曲线与函数如图4-21所示。当出行距离在5.5km之内时采用图中公式进行计算,在5.5km之外时认为步行出行比例为0%。

(2)传统非机动车交通:距离转移曲线与函数如图4-22所示。当出行距离在5.5km之内时采用图中公式进行计算,在5.5km之外时认为传统慢行交通出行比例为5%。

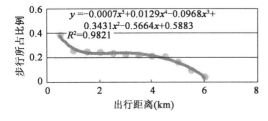

图4-21 步行距离转移曲线

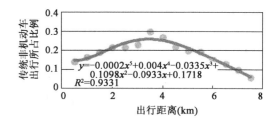

图4-22 传统非机动车交通方式距离转移曲线

(3)助力非机动车交通:距离转移曲线与函数如图4-23所示。当出行距离在7.5km之内时采用图中公式进行计算,在7.5km之外时认为助力慢行交通出行比例为8%。

(4)私人机动车交通:距离转移曲线与函数如图4-24所示。当出行距离在7.5km之内时采用图中公式进行计算,在7.5km之外时认为私人机动车交通出行比例为50%。

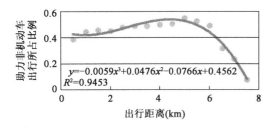

图4-23 助力非机动车交通方式距离转移曲线

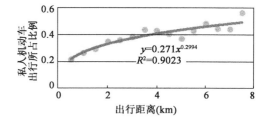

图4-24 私人机动车交通方式距离转移曲线

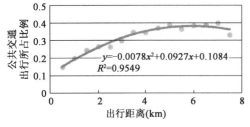

图4-25 公共交通方式距离转移曲线

(5)公共交通:距离转移曲线与函数如图4-25所示。当出行距离在7.5km之内时采用图中公式进行计算,在7.5km之外时认为公共交通出行比例为37%。

对于某一特定小区来说,上述5种交通方式的出行比例之和应为1,因此,按照距离转移曲线求出各小区各种交通方式的出行比例后,还应以总和为1为约束条件,对各种方式的出行比例进行调整,最终得出各种方式的分担率如表4-16所示。

各交通方式分担比例预测结果　　　　　　　　　　　　　表4-16

交通方式	步行	传统非机动车交通	助力非机动车交通	私人机动车交通	公共交通
比例(%)	15.49	11.59	29.86	23.92	19.14

其中非机动化出行比例为56.9%,机动化出行比例为43.1%;公共交通出行占机动化出行的比例为44.4%。

4.4.6 需求特征分析

根据上述出行分担率的预测结果,2020年长兴县中心城区公共交通日客运量将达到16.03万人次。由于公共交通的优势服务距离为中长距离的出行,从这一角度对公交出行预测结果进行进一步统计,可以得出如下结论:

(1)公共交通主要承担片区之间的出行需求,该部分占公交总出行需求的68%,片区内部的公交出行需求则占总需求的32%。

(2)核心片区和开发区作为主要片区,与其他片区之间的联系更为密切,公交需求量较大。各片区之间的公交出行OD分布如表4-17所示。

(3)公交平均出行距离3.66km,比现状增长了1.63km。

以公共交通需求预测结果为基础,结合长兴县城市发展趋势和道路网结构分析,进一步梳理出公交客流走廊,如图4-26所示。

各片区之间公交出行OD分布(单位:人次/d)　　　　　　　表4-17

O	D						
	城北片区	太湖片区	开发区	龙山新区	城西片区	核心片区	画溪片区
城北片区	7053	3034	4403	1129	2068	3183	1512
太湖片区	2646	8648	5245	945	1821	3667	1551
开发区	4013	5733	14322	1824	3077	8251	3754
龙山新区	1067	1026	1993	1286	985	1445	475
城西片区	1676	1637	2591	829	2655	3036	1244
核心片区	2534	3350	7118	1327	2942	12632	3623
画溪片区	1327	1599	3434	454	1344	3900	4848

主要联系走廊的功能如下:依托主城区主要功能组团(县级中心)成长起来的城市发展轴,承担主城区与外部片区之间的客流通道联系。形态:"两横三纵"布局,具体走廊为"两横"龙山大道—中央大道发展轴、县前街发展轴,"三纵"画溪大道发展轴、明珠路发展轴、长兴大道发展轴。

次要联系走廊的功能如下:主城区内部次级联系走廊和外围功能组团间的联系走廊,承担主城区内部和外围片区间的客流联系。形态:"四横"(合溪新港路、忻湖路、长海路、雄州大道),"三纵"(金陵路、长城路、陈王路)。

远期长兴县客流走廊总体上呈现轴向联系、外延拉伸的特征。

图 4-26　公交客流走廊分布示意图

4.5　公交网络客流分配

公交网络客流分配技术属于交通分配问题研究的范畴,已有大量研究成果。如科学出版社 2002 年出版的《城市公共交通系统规划方法与管理技术》专著第 6 章,详细介绍了公交客流分配技术的发展情况、常规公交网路客流分配的理论方法和工程应用中的实用方法;清华大学出版社 2017 年出版的《公共交通规划与运营——建模、应用及行为》第 2 版第 11 章深入讨论了乘客路径选择与客流分配问题。

近 20 年来我国城市轨道交通发展速度很快,为了提高城市轨道交通客流预测的科学性,我国已制定出版了国家标准《城市轨道交通客流预测规范》(GB/T 51150—2016)。比较常规公交和轨道交通在城市交通中的作用,发现轨道交通对城市交通的影响和作用不同于常规公交线路。轨道交通的吸引和作用远强于常规线路,两者虽同属于城市公共交通系统,但乘客对于两种方式的选择模式有较大差别。出行者在公交网络上的路径选择和分配是估计(预测)公交线路/网络上客流量的前提。公交网络最重要的特征之一就是存在线路的重叠,即在同一个路段上运营的公交线路共享相同的站点。这就意味着同一个 OD 对之间可能有不止一条公交路径可以选择。乘客对于起讫点间路径选择策略将直接影响乘客的路径选择结果,从而影响客流分配结果,因此,路径选择建模是任何公交网络客流分配算法的基础。

下面简要介绍常规公交客流分配的出行策略理论及公交出行路径选择的多路径概率分配法。

4.5.1　公交客流分配的出行策略理论

所谓常规公交网络是指由常规公交线路所组成的公交网络。通过公交网络的客流分配,获得不同线网布局方案下的线路客流量和站点流量,并以此作为指导线网规划和场站布局的重要依据。

乘客的出行策略为出行者为到达目的地所必须遵守的规则集合。出行策略在网络上的表示是,对应于网络中的每一个点乘客都有吸引线路集合,该集合决定后续点的位置,即前进方向。

假定乘客由 A 点到 B 点,在出行优化策略理论中认为其行为特点是通过路径的选择,尽量减少旅行时间,使得步行时间、等车时间和车内时间之和最小。

乘客出行策略的种类以及数量,取决于乘客出行时获得的信息。对于图 4-27 中的示例网络,很可能的一个出行策略是:选择线路 2 到节点 Y;然后换乘线路 3,最后在 B 点下车。

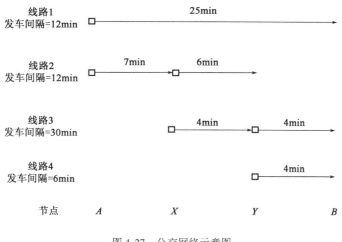

图 4-27　公交网络示意图

如果乘客在等车时,知道还可以乘坐别的线路,那么另一个可能的策略是:在起点选择线路 1 或者线路 2;如果乘坐线路 1,那么在 B 点下车;如果乘坐线路 2,在 Y 点换乘线路 3 或线路 4,然后在 B 点下车。

在出行策略研究中认为乘客在某站点候车时,知道所有可乘坐的线路。这样当某线路的车辆到达该站时,乘客可以做出乘与不乘的决定。对于网络中的每个节点定义有一个吸引线路集,每个站点的吸引线路集是到一个给定终点 j 的出行策略的一部分。

给定一个出行策略,按照以下方法可形成一种实际的出行:

(1) 设 i 为起点;

(2) 从 i 点有吸引力的线路集中选择第一辆到达的车辆上车;

(3) 在一个预定的节点下车;

(4) 如果该点不是终点,设 i 为当前点,返回步骤 2;否则,出行结束。

在出行策略中,明确地给出的是出行的终点,但没有明确地给出起点。所以出行策略是一组使得乘客从网络的各个节点到达终点的规则集合。

图 4-27 给出了一个简单的公交网络,其中有 4 个节点和 4 条公交线路。从 A 点、X 点和 Y 点到达 B 点的策略总共有 75 种。这是在各个点枚举吸引线路集得到的结果。表 4-18 是每一个节点所有可能的吸引线路集合,及其对应的等车时间和乘坐概率。表 4-18 中,单出行策略中线路乘坐(选择)概率为 1,组合出行策略中线路乘坐(选择)概率为线路发车频率与联合发车频率之比。

各节点吸引线路集　　　　　　　　　　表4-18

节　点	吸引线路集 (线路→下车点)	等车时间 (min)	线路乘坐概率(v)			
			1	2	3	4
A	1→B	6.00	1.00	—	—	—
A	2→X	6.00	—	1.00	—	—
A	2→Y	6.00	—	1.00	—	—
A	1→B,2→X	3.00	0.50	0.50	—	—
A	1→B,2→Y	3.00	0.50	0.50	—	—
X	2→Y	6.00	—	1.00	—	—
X	3→Y	15.00	—	—	1.00	—
X	3→B	15.00	—	—	1.00	—
X	2→Y,3→Y	4.30	—	0.71	0.29	—
X	2→Y,3→B	4.30	—	0.71	0.29	—
Y	3→B	15.00	—	—	1.00	—
Y	4→B	3.00	—	—	—	1.00
Y	3→B,4→B	2.50	—	—	0.17	0.83

利用图4-27和表4-18的数据,可计算每种策略的期望出行时间。图4-28显示的是最优出行策略,它期望行程时间最短,只有28.25min。经过优化后,A点乘客的吸引线路集为(1-B)、(2-Y);X点乘客的吸引线路集为(2-Y)、(3-B);Y点乘客的吸引线路集为(3-B)、(4-B)。

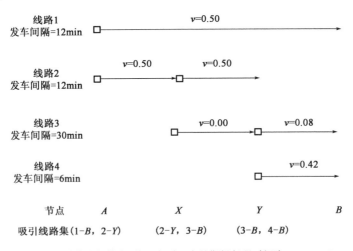

图4-28　最优出行策略(从A点到B点的期望行程时间为28.25min)

由上例可以看出,出行策略优化的目的是通过调整乘客在各点的吸引线路集,得到优化的吸引线路集,而使得总的期望行程时间最短。

4.5.2　公交出行路径选择的多路径概率分配法

1) Logit模型

公交出行路径搜索的优先级别为:直达→一次换乘→…→n次换乘。对某一优先级别下出行路径的选择,公交出行者总希望选择最快捷的线路(或综合考虑时间、费用的交通阻抗值最小的线路)出行,可称之为最短路因素。但由于公交出行者对出行起讫点间的交通阻抗值的大小很难直观判定,因此,选择公交线路时往往带有不确定性,称之为随机因素。这两个因素存在于公交出行者的整个出行过程中,两者所处的主次地位取决于可供选择路径之间交通阻抗差值的大小。因此,可用改进的Logit路径选择模型来计算公交出行时的路径选择。

$$P_k(i,j) = \exp(-\theta R_k/\overline{R})/\sum_{h=1}^{m}\exp(-\theta R_h/\overline{R}) \tag{4-18}$$

$$V_k(i,j) = V_{od}(i,j)P_k(i,j) \tag{4-19}$$

式中:$P_k(i,j)$——公交OD量$V_{od}(i,j)$在第k条有效公交出行路线上的分配率;

R_k、R_h——第k条、第h条有效公交出行路线的交通阻抗值;

$\overline{R}$——所有供选择的有效公交出行路线的平均交通阻抗值;

θ——分配参数,可取$\theta = 3.00 \sim 4.00$,一般取值为3.30;

m——有效公交出行路线的条数;

$V_k(i,j)$——公交OD量$V_{od}(i,j)$在第k条有效出行路线上的分配量。

2)交通阻抗函数

公共交通线路交通阻抗值是指乘客在公共交通线路上出行的出行时间(含车外时间)、费用、方便性(如换乘)等综合费用指标,是乘客选择公交线路的依据。交通阻抗函数应能真实反映公交出行的心理特性,综合考虑时间、费用因素,采用如下的函数式计算,并用"费用"表示。

$$R_i = C_{mt}T_i + \frac{L_iP_j}{100} \tag{4-20}$$

式中:R_i——交通阻抗值,元;

C_{mt}——时间价值,元/h,取用相应年度的居民人均国民收入值;

T_i——公交出行时间,h;

L_i——公交出行距离,km;

P_j——公交票价,分/km。

根据居民公交出行全过程的分析计算,公交出行时间可采用如下的公式计算:

$$T_i = L_i/V + (T_w + T_j/2 + n_1T_h)/60 \tag{4-21}$$

式中:V——公交线路平均运行速度,km/h;

T_w——步行到站及步行离站的时间总和,min;

T_j——发车间隔,min;

n_1——换乘次数;

T_h——一次换乘时间,min,往往适当扩大换乘时间(计算值大于实际值)来反映因换乘造成的不便;

其他参数意义同前。

3)多路径概率分配法算法流程

确定交通阻抗函数后,就可以应用Logit模型来计算路径选择的概率,用多路径概率分配法计算公交线路客流量的过程如图4-29所示。

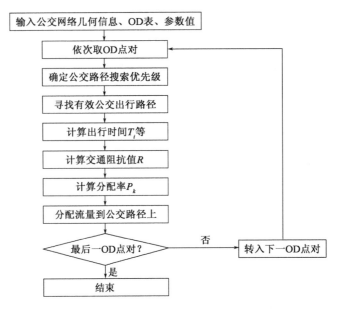

图 4-29 多路径概率分配法算法流程框图

复习思考题

1. 已知需求函数：$N = p^{-0.3} t^{-0.3} a^{0.2} c^{-0.3}$，其中 N 是公交出行量，p 是票价(元)，t 是出行时间(h)，a 是私家车出行费用，c 是平均收入水平(元)。

(1) 假设在平均每次出行的票价是 1.60 元时，公交系统中乘客数为 15000 人/h，那么当平均每次出行的票价变为 1.20 元时，会如何变化，公交公司获利多少？

(2) 假定私家车的出行费用(包括停车费用)为 5.00 元，如果停车费用降低了 1.00 元，将如何变化？

2. 已知一个由轨道交通、公交车和私家车组成的交通系统的效用函数 $u = b - 0.04C - 0.02t$，其中 b 表示常数项，C 表示出行费用(元)，t 表示出行时间(min)。多项式 Logit 模型(MNL)为：$P_m = \dfrac{e^{u(m)}}{\sum\limits_{1}^{n} e^{u(i)}}, 1 \leq m \leq n$，式中，$P_m$ 是某个出行者选择方式 m 的概率，或者是所有出行者中选择方式 m 的比例；$u(i)$ 为第 i 种方式的效用。给定各交通方式的效用函数系数值(表 4-19)，请问各交通方式的出行分担情况如何？若油价上涨使得私家车出行费用 C 增加了 1.8 元，这将对交通方式分担产生怎样的影响？

各交通方式效用函数系数表　　　　表 4-19

出行方式	b	C(元)	t(min)
公交车	-0.3	1.6	30
轻轨	-0.35	2.0	50
私家车	-0.25	2.2	35

3. 信息化对人们的出行需求和出行选择行为带来了哪些影响？如何借助大数据技术挖掘公交乘客的出行需求特征？

4. 比较集计和非集计交通需求预测模型的区别，结合长兴县公共交通需求预测案例讨论"四阶段需求预测法"的缺点。

5. 针对图4-27公交网络，假设步行时间和换乘时间为0，请描述从A到B可能的出行策略，包括乘客在不同的组合线路中选择的可能性，并计算每种策略的期望出行时间。

第5章
城市公共交通系统架构

城市公共交通是城市基础设施的重要组成部分,其发展与城市的发展相辅相成。城市公共交通规划应为城市中的各类人群提供与其需求相适应的多样化、高品质公交服务。不同城市的出行需求不同,城市公共交通发展应坚持因地制宜原则,不同的城市要发展适合自身特点的公共交通系统,应适应城市发展定位和规模,符合当地地理环境条件和经济社会发展阶段。

作为城市公共交通系统规划的战略层面,本章介绍了不同类型城市的公共交通发展定位与发展目标,以及不同类型城市的公交系统构成与模式选择。

5.1 城市公共交通发展定位

一个城市的公共交通如何发展才符合城市自身特点和发展定位?对于这个问题的回答,首先应充分理解客运交通与城市发展的互动关系,研究城市规模、布局形态、城市经济发展等外部因素对公共交通发展的影响和作用。

5.1.1 不同类型城市的交通需求特征

1)不同规模城市出行需求特征差异

在《城市综合交通体系规划标准》(GB/T 51328—2018)编制过程中,利用137个城市调研收集到的有效城市数据,对城市规模、人口密度、空间形态与交通需求之间的关系进行分析发现:人均日出行次数随着城市规模的增大而呈现减小的趋势;平均出行距离随着城市规模的增大而变长,如图5-1和图5-2所示。此外,居民平均出行距离与城市人口密度呈负相关,即人口密度大的城市平均出行距离相对更短;平均出行距离与机动化出行比例呈正相关,即平均出行距离长的城市机动化出行倾向性强。

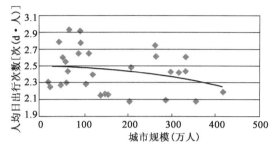

图5-1 城市规模与人均出行次数关系图

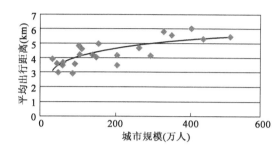

图5-2 城市规模与平均出行距离关系图

图5-3是不同规模城市出行需求特征差异示意图。可以看出,城市规模越大,出行需求越多,出行距离也越长,其对集约化公共交通的发展水平的要求更高。而中小城市多为中短距离的出行,自行车、小汽车出行与公共交通有较强的竞争。

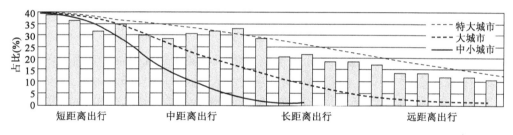

图5-3 不同规模城市出行需求特征差异示意图

图5-4是不同出行距离下不同交通方式的出行比例示意图。不同出行距离下,不同交通方式的出行比例有显著的差异。说明不同的交通方式,因技术经济特性的差异,其适宜的出行距离有区别。步行和自行车多服务于短距离出行,普通公交和快速公交多服务于中距离出行,而长距离出行的乘客大多选择轻轨地铁以及私人小汽车。

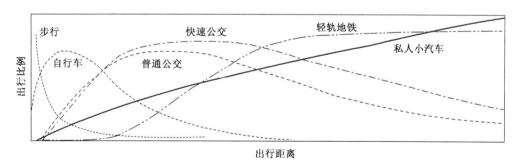

图5-4 不同交通方式出行比例示意图

分析不同规模城市的交通需求特征差异和不同出行距离下不同交通方式的出行比例差异,可以理解不同规模城市在全市性活动的交通组织方式上的差别,以及各种交通方式在不同规模城市中承担的作用差别。

2) 城市布局形态与交通需求特征

根据城市空间形态特征,可以将城市分为团块状(也称饼状)、带状、星形(指状)、组团状四大基本类型。研究表明,不同城市形态呈现不同的出行需求特征,如图5-5所示。

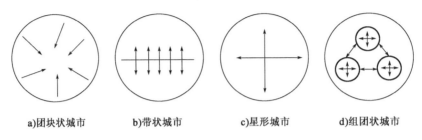

a) 团块状城市　　b) 带状城市　　c) 星形城市　　d) 组团状城市

图 5-5　城市形态和出行需求示意图

(1) 团块状城市。多是在向心力作用下形成的一种城市形态,是我国数量最多、最为普遍的一种城市形态。规模较大的团块状城市存在多中心的布局特征,这使得团块状城市向中心汇聚的出行需求更加多样化。

(2) 带状城市。带状城市的形成多受制于地形,其出行需求具有明确的轴向特征。

(3) 星形城市(也可称为"指状城市")。其形成原因和布局特点与带状城市有很多共同点,交通出行需求沿"星轴"分布,但相对带状城市更加多样和分散,通常具有强大的城市中心。

(4) 组团状城市。根据形成原因可以分为两类,一类位于地形条件较为复杂的地区,城市空间受到自然条件的限制无法连片,另一类主要受城市规划与建设因素影响。第一类组团城市出行需求以组团内部为主,第二类组团城市则存在组团内部和组团间出行需求并重的情况。

总体来看,团块状城市主要客流走廊指向性不强,客流相对分散;带状城市主要客流走廊与城市中心体系吻合,与交通出行需求方向一致;星形城市常常沿着发展轴形成客流走廊,城市的主要活动中心位于多走廊交汇处,次中心位于"星轴"空间内;组团状城市在组团间形成客流走廊,走廊量级与各组团规模及功能完善度密切相关,组团内功能配套完善情况下,居民出行中的中短距离出行量占比远大于同等规模的饼状发展的城市。

3) 城市经济发展与城市交通发展的相互作用

在影响城市交通的诸多因素中,城市经济是最密切相关的因素之一。城市经济的繁荣发展,加快了城市化的进程,城市辐射力上升,商品经济交流加快,带来人流、物流的大幅度上升,从而产生大量的交通需求。一般来说,城市经济的增长与城市就业岗位成线性关系,大批就业人员上下班的交通出行,使城市客运交通成为扩大社会生产的必要条件,是社会生产、分配、交换和消费的纽带。另一方面,随着城市经济的发展、生活水平的提高,人们对交通出行的要求越来越高,势必选择迅速、便捷、舒适的交通工具,因此,城市客运交通的结构、形态、方式和水平必须与客运量的增长和人民的生活水平相适应,而且要不断以更加先进的交通为城市的进一步发展创造条件。

综上所述,城市公共交通与城市发展中的规模、布局形态、经济水平等要素有着密切的关系。城市发展中的各个因素促进或制约着城市公共交通的发展;同时,公共交通也有能动的反作用,它必须在城市各种环境中不断变革和进步,从而促进城市的可持续发展。

5.1.2 不同类型城市的公交发展定位

关于城市公共交通的发展定位,国内已经开展了不少研究,其中国家自然科学基金项目"我国城市交通公交优先发展战略研究"的子课题"中国城市公共交通优先发展需求分析",通过剖析不同类型城市公共交通系统发展的内、外部条件,对不同规模城市差异化的公交发展定位及实现路径进行了较为系统全面的总结提炼。

基于城市交通需求特征分析和城市客运交通系统协调发展总体要求,不同类型城市公共交通发展需求定位如表5-1所示。

不同类型城市公共交通发展需求定位　　　　表5-1

城市类型	市区常住人口规模(万人)		公共交通发展需求定位
	现状	预期	
超大城市及城镇密集地区	≥1000	≥1000	公共交通是中心城区机动化出行的绝对主体,具备可替代小汽车出行的服务能力
特大城市	300~1000	300~1000	公共交通是中心城区机动化出行的主导方式,其在核心区是机动化出行的主体,具备可替代小汽车出行的服务能力
大城市	100~300	100~300	公共交通是核心区机动化出行的主导方式
		≥300	充分利用公共交通引导城市空间有序拓展,塑造以公共交通和慢行交通为主体的交通出行结构
中等城市	50~100	50~100	纳入公共服务体系,提供基本出行保障
		≥100	利用公共交通引导城市空间有序拓展
小城市	<50	<50	纳入公共服务体系,提供基本出行保障

由于不同公交方式具有不同的技术经济特性,在不同类型城市公共交通的发展中也承担着不同的功能。《江苏省城市公共交通规划导则(2012年版)》给出的公交方式单向客运能力及其在公交系统中的定位如表5-2所示。

公交方式及其在公交系统中的定位　　　　表5-2

公交方式	单向客运能力(万人次/h)	功能定位	
地铁	3.0~7.0	特大城市公交系统的骨干,满足主要客流走廊大运量、快速、准时的客流交通需求	骨干
轻轨	1.0~3.0	特大城市公交骨干线路的补充或延伸;大中城市公交系统中发挥骨干作用,连接主要客流集散点,满足中长距离出行的交通需求	
单轨	0.8~3.0		
快速公交	0.8~1.8		
新型有轨电车	0.6~1.0		
常规公交	0.8~1.2	作为不同规模城市公交系统的主体,满足中短距离出行的交通需求,提供均等化公交服务,并可作为骨干公交的馈给	主体

续上表

公交方式	单向客运能力(万人次/h)	功能定位	
出租汽车	—	提供个性化的公共交通服务	补充
城市客渡和水运巴士	—	提供休闲、观光等特色化的公共交通服务	
客运缆车和索道	—		

地铁、轻轨等大中运量公共交通作为超大城市、特大城市和大城市公共交通系统骨架，也承担着引导和支撑沿线用地混合利用、高密度开发的重要功能。新型有轨电车、快速公交（BRT）等中低运量公共交通在城市公共交通系统中的功能定位因城市不同而不同，一是有大中运量轨道交通的大城市及以上规模城市轨道网络的加密或延伸，二是无大中运量轨道交通的大城市公共交通系统骨架，三是有明显客流走廊的中小城市公共交通系统骨架。另一方面，又起到引导和支撑沿线用地混合利用、中高密度开发的引导城市发展功能。

5.2 城市公共交通发展目标与关键性控制指标

不同城市应综合考虑城市的规模、形态、功能布局、交通需求及客运交通方式结构等特点，遵循远近结合、适度超前、可持续发展、经济可行等原则，合理确定城市公共交通发展目标和关键性控制指标，从而引导城市因地制宜选择公交系统构成与发展模式。

5.2.1 城市公共交通发展目标

基于城市公共交通发展定位，科学合理地提出公共交通系统发展目标和具体指标，为不同类型城市因地制宜规划公共交通系统提供指导，是战略规划层面的重要任务。

城市公共交通发展目标的确立，应以城市总体规划、城市综合交通规划等上位规划确定的城市交通发展目标、战略及对城市公共交通发展的要求为依据。城市公共交通发展总体目标及具体指标的制定应着重体现公交引导城市发展、促进公交优先发展、提高公交服务水平和运营效益的要求。

下面以《襄阳市城市公共交通发展规划（2012—2020年）》为例简要说明城市公共交通发展目标制定的基本依据。

根据《湖北省城镇化与城镇发展战略规划（2012—2030年）》，襄阳是湖北省"一圈两区"中襄阳都市区的核心，是湖北省"两轴两带"中汉十城镇发展带、襄荆城镇发展轴两条省域二级发展轴带的交点。

根据《襄阳市城市总体规划（2011—2020年）》，襄阳市未来规划形成"一心两轴三支点"的城镇空间结构，即：以特大城市襄阳中心城区为中心；以老河口、宜城、枣阳三个中等城市为支点；以福银高速公路（暨汉渝铁路襄阳段）为城镇发展主轴，以二广高速公路（暨焦柳铁路襄阳段）为城镇发展次轴。

《都市襄阳发展战略规划研究》明确襄阳都市区将强化中心集聚形成"一体两翼、五轴放射"的市域城镇空间结构。规划中心城区的布局结构可以概括为"一心四城、多中心发展"的沿江组团式结构。远景随着东津的发展将形成四城环洲的空间布局结构。其中："一心"指城市绿心鱼梁洲；"四城"指环绕鱼梁洲布局的樊城片区、襄城片区、襄州片区、东津片区；"多中心"指与组团城市形态相复合的多个城市中心，如图5-6所示。

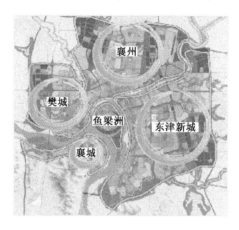

图5-6 襄阳市中心城区空间发展格局

中心城区各片区空间发展策略可概括为"优化襄城、提升樊城、整合襄州片区、保护鱼梁洲、调整余家湖、开拓东津"。

随着襄阳市城市空间范围和人口的不断增加，出行需求总量上升、出行距离变长、出行时耗增加将成为必然的发展趋势。与此同时，片区间的交通联系也将随着片区城市功能的完善而不断加强，片区间有限通道的交通压力更会随之剧增。以东津新区为例，现状东津新区尚处于开发建设的初期，其与襄城、樊城和襄州的联系相对较弱，而按照《襄阳市城市总体规划（2011—2020年）》，东津新区未来将建成为襄阳市的市级综合服务中心、行政文化中心及商业商务中心。很显然，未来东津新区与襄城、樊城和襄州的联系将会逐渐从量的改变走向质的飞跃。

针对襄阳中心城区的交通，《襄阳市城市总体规划（2011—2020年）》提出：要优先发展公共交通，构建多样化的客运服务体系；加快公交快线的建设，建立不同等级的公交网络服务体系；建立衔接顺畅、换乘方便的公交换乘系统；鼓励自行车发展，限制摩托车发展。

《都市襄阳综合交通体系规划》也明确提出要通过构建以轨道和快速路为骨架的新型交通网络体系，支撑城市空间的跨越发展，应对城市交通现状问题，并要充分利用襄阳的自然禀赋，彰显襄阳山（岘山）、水（汉江）、洲（鱼梁洲）、城（古城）的城市特色。保护古城肌理格局，建设特色活力襄城。打造慢行空间，提升沿江、环洲慢行品质，突出滨水城市特色。

在充分解读城市总体规划、城市综合交通规划目标基础上，《襄阳市城市公共交通发展规划（2012—2020年）》提出公共交通发展的总体目标是：构筑一个高效、快捷、舒适、环保的，与襄阳城市发展相适应的，多模式、多层次、一体化的城市公共交通体系。结合襄阳的实际发展情况，将总体发展目标分解为近期、远期和远景三个阶段。

近期目标：理清公交线网功能和层次，形成"等级清晰，功能分明"的公共交通网络体系。

远期目标：构建以中运量公交为骨架，常规公交为主体，出租车为补充的公共交通系统，实现公交优势型的城市交通模式。

远景目标:构建以大中运量公交为骨架,常规公交为主体,轮渡、出租车等多种方式相互补充的公共交通系统,实现公交主导型的城市交通模式。

对于一个具体城市的公共交通发展规划,所确定的城市公交发展目标应涵盖以下4个方面:

(1)城市公共交通与城市发展相协调。
(2)建立健全的公共交通设施供应体系。
(3)提供便捷宜人的公共交通服务水平。
(4)实现可持续发展的公共交通运营效益。

5.2.2 城市公共交通发展关键性控制指标:公交出行时间

1)公交出行时间对出行方式选择的影响

公交出行时间也称"公共交通单程出行时间"或"OD 行程时间",是表征公共交通服务水平的综合指标,OD 行程时间 t_{od} 指乘客从起点(O)出发到达目的地(D)所花费的时间的总和,包括:出行起终点与车站间的"最后一公里"接驳时间 t_a、站台等待时间 t_w、在途行程时间 t_o、换乘时间 t_f(如果存在换乘)。

接驳时间 t_a 表示乘客为完成某次出行从起点出发到达某一公交车站所需的时间。

站台等待时间 t_w 指乘客到达公交车站后到公交单元出发的时间间隔。

在途行程时间 t_o 指为完成某次既定的出行,乘客在公交单元上乘行的时间。

换乘时间 t_f 表示乘客在不同线路或交通方式之间进行转换所花费的时间。换乘时间通常取决于两条线路站台之间的行走时间、换乘线路的发车间隔、线路之间的时刻表协调。

如图 5-7 所示,展示了一公交乘客从家中(O)出发前往工作地点(D)的出行全过程。

图 5-7 公交出行全过程示意图

假设该乘客从家中步行至公交站花费5min,那么接驳时间 t_a 为5min,等待3min后公交车到达,该乘客上车,那么等待时间 t_w 为3min,车辆继续运行10min后该乘客下车,那么乘坐公交在途行程时间 $t_{o公交}$ 为10min,该乘客从公交站步行至地铁站进行地铁换乘全过程花费5min,那么换乘时间 t_f 为5min,地铁运行20min后,该乘客到达目的地,乘坐地铁在途行程时间 $t_{o地铁}$ 为20min,步行至工作地点花费了2min。OD 行程时间为上述所有时间之和,为45min。

其中,出行起终点与车站间的"最后一公里"接驳时间与空间可达性密切关联,其余时间与公交服务的时间可控性息息相关。"公共交通单程出行时间"综合涵盖了公共交通服务供给的空间可达性与时间可控性两个最关键要素。利用调研数据对我国城市小汽车出行时间与公共交通出行时间进行对比发现,公交出行时间普遍高于小汽车。在机动化出行方式中,小汽车是公交的主要竞争方式,出行时间过长是公交不具备吸引力和竞争力的主要原因之一,也是公交整体服务水平不高的直接体现。

当前我国城市公共交通发展中对公交出行需求特别是出行时间要求的重视度依然不够。国内部分城市居民公交出行意向调查结果显示,居民公交出行需求与城市公共交通实际供给之间存在较为明显的矛盾,图 5-8 给出了南京、襄阳、湖州、长兴四个不同规模城市的居民公交出行意向调查结果。

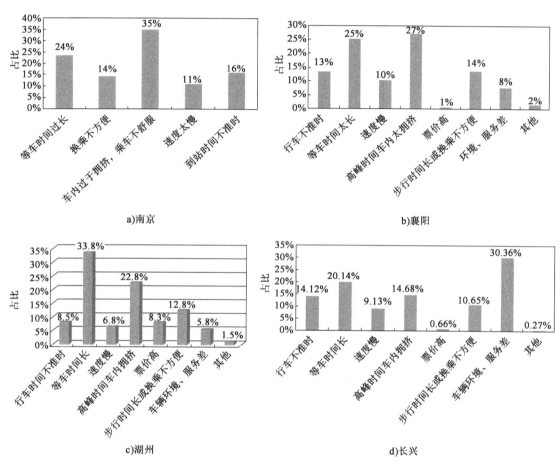

图 5-8　城市居民公交出行意向调查结果

从图 5-8 所示的调查结果可以发现:公交出行需求主要包括出行者对于空间可达和时间可控的要求,以及对舒适性、便捷性、经济性等出行体验方面的要求。四个城市的调查数据显示,问题普遍在出行全过程的时间可控性因素上更加集聚。对于城市公共交通的规划和管理,最终落脚点应是使公共交通成为居民出行的一种选择,因此,为了达到这一目标,首先应将着力点放在出行者对于公交服务的空间可达性与时间可控性要求的满足上。立足于公交出行需求,有效控制"公共交通单程出行时间"就成为公共交通发展的核心目标和关键性控制指标之一。

2) 不同类型城市的公交出行时间控制值

"公共交通单程出行时间"目标的提出将针对性指导城市公共交通各层面提高服务水平,包括城市公共交通站点对人口与就业岗位的覆盖性、客流走廊大中运量快速公共交通方式的选择、不同公交方式的线网布局与相互衔接、公交线路运力的有效投放与运营组织,以及必要的公交专用路权配置等。

TCQSM 第 3 版中按照公交-小汽车出行时间比给出了公共交通可靠性的服务水平层级，如表 5-3 所示。从表中可以看出，当公交-小汽车出行时耗比不大于 1.5 时，公共交通才相对有吸引力。

公共交通可靠性服务水平(公交-小汽车出行时耗比) 表 5-3

公交-小汽车出行时耗比	乘客感受
≤1	公交出行比小汽车出行快
>1~1.25	车内出行时间相当（对于 40min 的通勤出行，公交比小汽车多花 10min）
>1.25~1.5	对于乘客来说公交出行时间还可以容忍（对于 40min 的通勤出行，公交比小汽车多花 20min）
>1.5~1.75	对于 40min 的单程出行，公交耗时 1h 以上
>1.75~2	公交出行时间为小汽车的近 2 倍
>2	对于大多数乘客不具有吸引力

针对不同类型城市的公共交通发展定位，结合调研得到的各类型城市的公共交通和小汽车现状出行时间统计规律，参考公交-小汽车出行时耗比不超过 1.5 的发展目标，《城市综合交通体系规划标准》(GB/T 51328—2018)提出了中心城区采用集约型城市公共交通方式通勤出行单程时间控制目标，如表 5-4 所示。

采用集约型城市公共交通的通勤出行单程出行时间控制要求 表 5-4

规划人口规模(万人)	采用集约型公交 95% 的通勤出行时间最大值(min)
≥500	60
300~500	50
100~300	45
50~100	40
20~50	35
<20	30

各类型城市的公共交通和小汽车现状出行时间统计规律如表 5-5 和表 5-6 所示。

各类城市样本公共交通平均出行时耗统计量(单位:min) 表 5-5

城市类别		超大、特大城市	Ⅰ类大城市	Ⅱ类大城市	中等城市	Ⅰ类小城市	Ⅱ类小城市
样本数 N	有效	11	7	33	36	34	11
	缺失	2	1	7	7	17	5
均值		49.89	40.42	34.99	32.23	26.60	27.46
标准差		6.9800	9.4337	8.7812	10.0295	9.5338	13.3183
百分位数	25	46.60	36.19	30.70	27.21	20.00	20.00
	50	49.50	41.20	35.17	33.45	25.50	24.80
	75	54.80	47.37	40.77	38.53	32.08	32.22

不同类型城市小汽车出行时耗样本统计值（单位：min） 表5-6

城市类型	25%分位数	50%分位数	75%分位数	均　值
Ⅰ类大城市	27.30	30.00	32.22	28.14
Ⅱ类大城市	22.44	28.09	30.65	26.54
中等城市	18.70	23.31	29.06	24.76
Ⅰ类小城市	15.00	19.93	23.43	20.86
Ⅱ类小城市	10.00	15.00	20.00	17.55

从表5-5的统计数据可以大致看出，超大城市、特大城市的公共交通出行时耗均值约为50min，Ⅰ类大城市7个有效样本公共交通平均出行时耗约为40min，相对于超大、特大城市有一定程度的降低。Ⅱ类大城市33个有效样本公共交通平均出行时耗约为35min。中等城市36个有效样本公共交通平均出行时耗约为33min。Ⅰ类小城市34个有效样本和Ⅱ类小城市11个有效样本的公共交通平均出行时耗约为25min。上述统计分析值显示，随着城市规模的由大变小，公共交通平均出行时耗基本呈5min递减趋势，而Ⅰ类、Ⅱ类小城市出行时耗差异不明显。对比分析表5-5和表5-6所示我国各类城市公共交通与小汽车交通平均出行时耗值，可以发现出行者如果选用公共交通方式出行，其出行时耗均值与小汽车出行时耗均值之比基本上不超过1.5，进一步说明如要提高城市公共交通的吸引力和竞争力，必须有效控制公交出行时间。

5.3　城市公共交通系统构成与模式选择

5.3.1　体系架构

由城市交通需求特征和公交方式技术经济特征分析可知，不同规模的城市需要不同的公共交通体系结构支撑；不同城市布局形态需要不同的公交网络架构。

根据国内外研究与实践，大城市及以上规模城市宜在城市范围内构建多模式多层次的公共交通体系，形成"骨架网—主体网—支撑网"三级网络架构模式，如图5-9所示。

其各级线网功能特征如下：

(1)"骨架网"：是城市公共交通系统中大运量和快速度的长距离运输系统，形成城市公交走廊。

(2)"主体网"：是城市公共交通系统中中运量和准快速的中距离运输系统，一般布设于城市干路上，分担骨架网的客流压力。

(3)"支撑网"：是城市公共交通系统中小运量和普通速度的短距离运输系统，一般深入社区，公交可达性高，可满足居民更加灵活的出行需求。

通过上述不同功能层次线网的耦合与衔接，提升城市公共交通系统的整体运行效率，服务不同的公共交通出行需求。

如图5-10所示为瑞士苏黎世三层次公交网络示意图。

苏黎世是苏黎世州的首府，坐落于瑞士北方的中部，是瑞士最大的城市，城市人口33万左右,面积为92km²。为了应对日益增长的交通需求,苏黎世州政府投入了大量的人力物力建设快速市郊铁路等公共交通基础设施,构架了一个包括郊区铁路、有轨电车和公共汽车的公共交通三层次整合网络。

第一层次:以长途郊区铁路系统为主,形成放射状公交骨架。

第二层次:以接驳郊区铁路的公交线路为主,覆盖在第一层次的骨架网络上。

第三层次:由中心区有轨电车线路组成,在城市中高密度的建成区内循环往返,提供在城市内的短途公交服务。

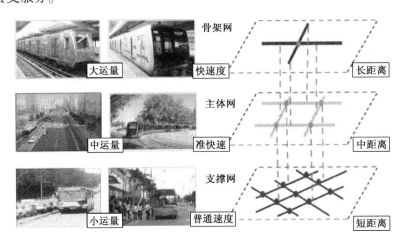

图 5-9 多模式多层次公交网络构架

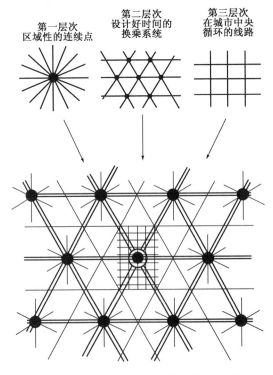

图 5-10 瑞士苏黎世三层次公交网络示意图

高效运行的公交网络令苏黎世成为世界上公共交通使用率最高的城市之一。

5.3.2 客流走廊

在大城市及以上规模城市和具有明显客流走廊的中小城市的网络架构中,"骨架网"是核心,根据公交走廊的量级选择合适的公共交通方式,是合理构建骨架网的基础。所谓城市公交走廊,是指公交运能高度集中、承载公交主要客流的交通走廊,是以高强度的公交运输通道为发展主轴、以两侧被其紧密吸引的城市用地为依托的带状城市空间,具有引导城市集约发展、促进城市公交优先的显著作用。

城市公交走廊通过公交骨架网塑造并成为其载体,因此,公交走廊的运量能力是骨架网公交方式选择的重要依据。《城市综合交通体系规划标准》(GB/T 51328—2018)将城市公共交通走廊按照高峰小时单向客流量或客流强度划分为四个级别,并规定城市公共交通走廊应设置专用公共交通路权。对应客流走廊量级的宜选择的公交方式如表5-7所示。

城市公共交通走廊层级划分　　　　　　　　　　表5-7

层　级	客流规模	宜选择的运载方式
高客流走廊	高峰小时单向客流量≥6万人次/h或客运强度≥3万人次/(km·d)	城市轨道交通系统
大客流走廊	高峰小时单向客流量3万~6万人次/h或客运强度2万~3万人次/(km·d)	城市轨道交通系统
中客流走廊	高峰小时单向客流量1万~3万人次/h或客运强度1万~2万人次/(km·d)	城市轨道交通或快速公共汽车(BRT)或有轨电车系统
普通客流走廊	高峰小时单向客流量0.3万~1万人次/h	公共汽电车系统

不同类型城市可根据自身公交走廊的量级选择适合城市发展实际的骨架网公共交通方式。

以襄阳市公共交通发展规划为例,如图5-11所示为根据规划远期公交需求OD期望线图抽象得到的襄阳市中心城区4条公共交通客流走廊分布,以及根据客流走廊强度选择的以快速公交(BRT)为主导方式的快速公交通道布局。具体描述如下:

(1)襄城—樊城—襄州走廊

这是襄阳市中心城区的一条传统的公交客流走廊,贯穿襄城、樊城和襄州的现状主要建成区,远期两端分别向机场方向和庞公方向延伸。

(2)樊城—鱼梁洲—东津走廊

这是东津片区开发建设后形成的公交客流走廊,东西串联樊城和东津两个城市核心。樊城—鱼梁洲—东津走廊是樊城和东津之间的最短联系,但需要两次跨越汉江。

(3)襄城—东津走廊

襄城片区内部公交走廊的延伸,是联系襄城与东津古镇的主要公交客流走廊,实现区域内和区域之间的客流集散。

（4）襄州—东津走廊

随着东津新城的开发，东津片区与襄州之间的联系将逐步加强。

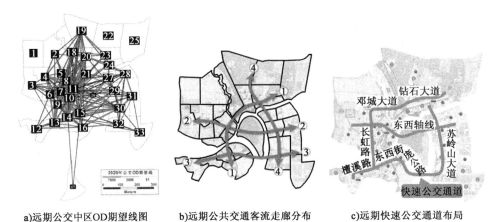

a) 远期公交中区OD期望线图　　b) 远期公共交通客流走廊分布　　c) 远期快速公交通道布局

图 5-11　襄阳市远期公交需求与客流走廊示意图

5.3.3　系统构成

作为城市公共交通系统的主要组成部分，城市轨道交通和公共汽电车交通等集约型公共交通方式是多模式公交系统构成的核心。基于不同类型城市公共交通系统构架与层级构成的分析，表5-8 给出了各类城市集约型公共交通系统构成建议。

不同类型城市集约型公共交通系统构成　　表 5-8

城市类型		公共交通系统构成		
		骨架网	主体网	支撑网
超大城市		市郊铁路、地铁	快速公交/有轨电车/导轨公交、常规公交干线	
特大城市		市郊铁路、地铁	快速公交/有轨电车(组团城市组团内骨架网)	快速公交/导轨公交/常规公交干线	常规公交普线、常规公交支线
大城市	Ⅰ类	地铁/轻轨	常规公交干线	
	Ⅱ类	轻轨/快速公交	常规公交干线	
具有明显客流走廊的中小城市		快速公交/有轨电车/导轨公交/常规公交干线	常规公交支线	
一般中小城市		常规公交		

由表 5-8 可知，大城市及以上规模城市宜根据公交走廊的量级合理选择轨道交通作为骨架网络。对于公共汽电车系统而言，不同规模城市的构成不同，快速公交作为中运量公共交通方式，其适用性应根据城市公交走廊的量级来合理评估。而对于常规公交，大城市及以上规模城市应包含常规公交干线、常规公交普线、常规公交支线全部三个功能层次的线路，且根据线路衔接客流集散点的实际情况，可在干线层次中设置大站距快线，以满足乘客快速直达的出行

需求;形成明显客流走廊的中小城市,由于城市空间范围较小,线路层次可只包含常规公交干线和常规公交支线两个层次;一般中小城市不做线路具体的层级划分。

复习思考题

1. 伦敦市于2018年3月发布了《伦敦市长交通战略2018》,围绕"健康街道"理念,提出了伦敦市未来交通发展的三大重要目标:健康街道和健康市民、良好的公共交通体验、新增住宅和就业。核心目标为到2041年,伦敦市绿色出行(步行、自行车和公共交通)达到80%。2016年伦敦市公共交通出行分担率与小汽车出行分担率同为37%。请进一步查阅相关资料,了解该战略的制定背景、具体目标分解及相应的策略和措施,并谈谈你的认识。

2. 以你熟悉的某个城市为例,具体分析该城市应如何因地制宜确定其公共交通发展定位、发展目标、体系构成和模式选择。

第6章 城市公交线网规划

在城市公共交通系统规划中,公交线网规划是其核心内容,它决定着城市公共交通的服务范围、服务水平和整体运行效益。轨道交通、快速公交和常规公共汽电车交通等不同公交方式,因其不同的载运工具、路权形式、运行组织,形成了客运能力、运送速度以及投资建设和运营成本等技术经济性能方面的显著差异,在城市与城市公共交通发展中具有不同的功能定位和规划决策范式。其中,城市轨道交通是大城市及以上规模城市的客运交通系统的骨干。作为对城市发展影响深远的基础设施,城市轨道交通线网规划是城市总体规划的强制性内容,同时也是城市综合交通系统规划的重要组成部分,是一个综合性决策问题,涉及从交通政策到技术设施水平等一系列因素,具有很强的系统性和专业性。为规范和指导城市轨道交通线网规划工作,我国发布了国家标准《城市轨道交通线网规划标准》(GB/T 50546—2018),同时有大量理论研究和工程实践成果发表,可供学习参考。本章主要介绍城市地面公交系统的线网规划基本内容。

6.1 城市公交线网布局模式

在城市公交线网规划布局过程中,总体上宜坚持"服务分区、功能分级、枢纽转换"的指导思想。

城市用地空间具有"成块成片"的特征,在不同的区域范围,公交需求特征和公交服务定位差别化明显,将公交网络按照服务范围进行分区有利于在不同区域内提供更加优质高效的公交服务;此外,根据各分区公交需求特征的不同在技术性能上进行差异化和针对性设置,有利于公交系统资源的优化配置,从而提高整个网络的效益。图6-1是南京市主城用地空间分布与公交服务分区示意图,在分析各区之间的公交通达性的基础上,对公交线路服务范围进行界定,将主城分为10个分区,平均每个分区面积约$24km^2$。

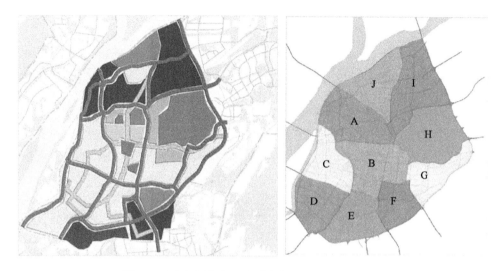

图6-1　南京市主城用地空间分布与公交服务分区示意图

根据不同的服务分区合理配置不同等级的公交线路,明确各级线路功能,从而构建功能层次清晰、服务优质高效的公交网络。

(1)骨干网服务于城市主要客流走廊的交通需求,可采取公交专用道、专用信号等形式,提供中长距离、大中运量的快速公交服务。

(2)主体网满足片区间乘客出行和片区内部的主要公交客流的基本交通需求,构筑片区间及片区内的骨干网络,提供中短距离、中等运量的公交服务。

(3)支撑网满足片区内乘客出行需求,同时连接骨干网和主体网未覆盖的区域,是骨干网和主体网的补充,提高线路覆盖和通达深度。

例如:南京城市公交线路根据其功能划分为骨架线路、普通线路、补充支线和特殊线路四个层次。骨架线路服务主走廊,联系主要地区,直达快速、准点可靠,分为主城内骨架线,外围放射形骨架线;普通线路服务次走廊,骨架线补充,填补空白,联系骨架线枢纽,线路走向灵活;补充支线分为轨道接驳支线和普通支线,客流较小,设置灵活,服务范围受限制;特殊线路指旅游线、高峰线、假日线、校区线、厂区线等。四层次线路有机结合,构成南京城市地面公交线网。

依托公交枢纽完成乘客在不同公交服务分区之间、不同功能等级线路之间的转换,是形成公交线网"分区分级"布局模式的核心。由于公交枢纽与城市的土地利用结合最紧密、对公交乘客的服务最直接、是公交线路功能实现的重要支撑,因此,在公交线网的布设中,要加强客运枢纽的规划与建设,以枢纽为主体,推动公交线网布局优化和高效运行,并通过客运枢纽的合理设置,推动客流走廊和站点的公交导向开发,形成交通与用地之间的良性互动。

公交线网规划实践中还应遵循以下原则：

（1）城市公交线网必须综合规划，组成一个整体，体现和贯彻以人为本、服务为本的思想，体现合理性和可操作性相结合的原则。

（2）市区线路、郊区线路和对外交通线路应紧密衔接，并协调各线路网的疏散能力。

（3）要考虑公交发展历史和线路的延续性，兼顾、利用已有线路，综合协调新老线路之间的关系。

（4）公交线网应对城市用地的发展具有较好的适应性，与城市用地布局相协调，与城市用地规划范围内主要客流的流向一致，促进城市发展。

（5）各主要客流集散点之间应有直接的公交线路相连，主要客流集散点应设置不同交通方式的换乘枢纽，方便乘客停车与换乘，以缩短乘客出行时间，扩大乘客活动可达范围。

总之，城市公交线网布局应将轨道交通、快速公交、常规公交等不同公交方式线网进行整体规划，各种公交方式之间通过公交枢纽设置、公交线路运营组织等方式进行有效衔接和整合，以充分发挥各自优势，形成有机整体，提高乘客的出行效率和公交系统的整体效能。

对于拥有轨道交通、快速公交等大容量公交系统的特大城市和大城市，应构建以轨道交通、快速公交线路为骨架，普通公交线路为主体，分工明确、功能互补、换乘便捷的多层次、一体化的公交线网模式，如图 6-2 所示。

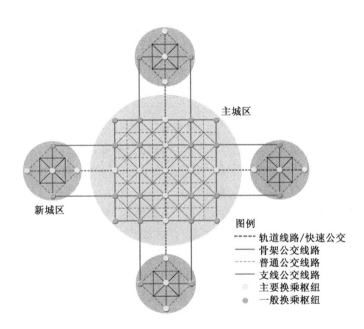

图 6-2　大城市及以上规模城市的多模式多层次一体化公交网络示意图

对于只有公共汽电车系统的中小城市，应以城乡居民出行需求的空间分布为导向，合理划分线路功能层级，构建城乡公交与城市公交合理衔接的一体化区域公交网络模式，如图 6-3 所示。

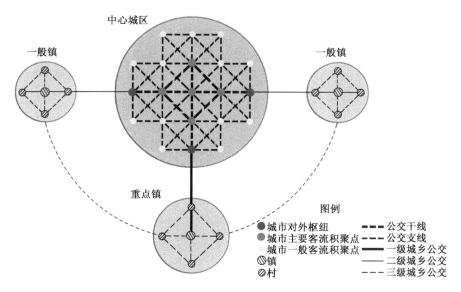

图 6-3 中小城市城乡公交与城市公交一体化网络示意图

6.2 公交线网规划的影响因素与基本约束

6.2.1 主要影响因素

影响城市公交线网规划的因素是多方面的,一般情况下,在进行城市公交线网规划时应主要考虑城市客运交通需求、道路条件、公交场站条件、车辆条件以及效率因素和政策因素等。

1)城市客运交通需求

城市客运交通需求,包括乘客数量、分布和出行路径的选择,是影响公交线网规划的首要因素。在一定的服务水平要求下,客运需求量大的区域,要求布置的公交线网客运能力较大。理想的公交线网布局应满足大多数乘客的要求,具有服务范围广、非直线系数小、出行时间短、直达率高(换乘率低)、可达性高(步行距离短)等特点。

2)道路条件

对于地面公交线网来说,道路网是公共交通网络的基础,但并非所有的道路都适合公交车辆行驶,要考虑道路几何线型、路面条件和容量限制因素。若道路条件较差,如转弯半径过小、坡度陡长、路宽不足时,就不适合公交车辆行驶。可以将所有适合于公交车辆行驶的道路定义为公交线网规划的"基础道路网"。当"基础道路网"中有较大空白区时,应对道路网络规划提出反馈意见,以保证"基础道路网"能满足公共交通网络布设的要求。

3)场站条件

公交线路首末站的位置可作为公交线网规划的约束条件,也可在线路优化后,根据线路配置的车辆确定首末站具体位置及其规模;一般的公交车站可以在线路确定后,根据最优站距和车站长度的限制等情况确定。公交场站规划将在第 7 章中介绍。

4) 车辆条件

影响公交线网规划的车辆条件包括车辆物理特性(车长、宽、高、重等)、操作性能(车速、加速能力、转弯半径等)、载客指标(座位数、站位数、额定载客量等)和总的车辆数(车队规模)。考虑其中物理特性和操作性能与道路条件的协调,可以确定公交线网规划的"基础道路网"。车辆总数、车辆的载客能力、每条路线的配车数和客运量有如下关系:

$$\begin{cases} N_l \cdot C_l \propto P_l & \forall l \in L \\ \sum_{l \in L}^{n} N_l = N \end{cases} \tag{6-1}$$

式中:N_l——线路 l 的配车数,标台数;

C_l——标准车的载客能力,人;

P_l——线路 l 的客运量,人;

L——线路集;

N——城市公交车辆总数,标台数。

由车辆总数、车辆的载客能力和线路的配车数可确定线路总数。车辆总数可作为线网规划的限制条件,也可先规划线网,根据线路配置车辆,得到所需的总车辆数,再考虑数量的限制。

5) 效率因素

效率因素指公交线网单位投入(如每运营公里、每班次等)获得的服务效益。反映线路效益的指标有每月/日行驶班次数、每车次载客人数、每车公里载客人数、每车公里收入、每车次收入、运营成本效益比等。它们不仅反映线路的运营状况,还反映线路经过地区的客运需求量和线路的服务吸引能力,因而在规划中,应特别考虑公交线路/线网效益因素。

6) 政策因素

城市公共交通服务的提供与城市交通管理政策(如车辆管制与优先、服务水平管理、票价管理等)、社会公平保障政策(如照顾边远地带居民出行)、土地发展政策(如通过开辟公交线路诱导出行促进沿途地带的发展)也密切相关。

6.2.2 单条线路的约束

线路作为公交线网的组成个体,其属性好坏对线网的整体效益有较大影响。从线路的自身属性来看,线路的设计受到线路长度、非直线系数和发车频率限制,同时也需要考虑客流发生与吸引量、断面客流均衡化、需求稳定化和企业经验等因素。

1) 线路长度

$$L_{\min} \leqslant L_k \leqslant L_{\max} \tag{6-2}$$

式中:$L_{\min}$、$L_{\max}$——最小线路长度和最大线路长度;

L_k——线路 k 的长度。

线路的长度直接影响线路的运行时间,并间接影响线路的车队规模、乘客等车时间等众多因素。线路过长或过短对公交企业的运营和调度均有不利影响,因此一般会将其限定于某一区间,实际中需要根据具体情况灵活考虑。一般地,线路长度以运行 30~40min 为宜,最短以 20min 为限,最长以 45min(中小城市)、60min(大城市)为限。对于特定的公交线路,其长度有一个最优值。市区公交路线的平均长度是城市的半径(大城市)或直径(中、小城市),即:

$$\begin{cases} \bar{l} \approx \sqrt{S/\pi} & 大城市 \\ \bar{l} \approx 2\sqrt{S/\pi} & 中小城市 \end{cases} \tag{6-3}$$

或：

$$\bar{l} \approx kL_{\text{bus}} \tag{6-4}$$

式中：$\bar{l}$——市区公交线路的平均长度,km；

　　　S——城市公交服务区域的面积,km²；

　　　k——系数,$k=2\sim3$；

　　　L_{bus}——城市居民的平均乘距,km。

对于团块状发展的城市可采用式(6-3)，对于带状城市宜采用式(6-4)。

2) 非直线系数

$$\text{NLR}_{\text{avg}}^{k} \leqslant \xi \tag{6-5}$$

式中：$\text{NLR}_{\text{avg}}^{k}$——线路 k 的非直线系数；

　　　ξ——与最短路径的偏差系数。

非直线系数反映线路偏离最短路径的程度,此处设定为线路上各类出行实际路程与最短距离比值的均值,体现该线路上各种需求所走路径偏离最短路径程度的平均值。若非直线系数过大,则表示线路较为迂回,不利于乘客的出行体验。对于公交干线,非直线系数宜控制在1.4以内。

3) 发车频率

$$F_{\min} \leqslant F_{k} \leqslant F_{\max} \tag{6-6}$$

式中：F_{k}——线路 k 发车频率；

　　　$F_{\min}$——发车频率最小值；

　　　$F_{\max}$——发车频率最大值。

发车频率的设定直接影响公交企业配置在该线路上的车辆数,同时也会影响乘客的平均等车时间。发车频率过小,乘客在车站的等待时间过长,影响公交线路的服务质量,不利于提升公交企业的客流吸引力；发车频率过大,公交企业所需的配车数过多,资源利用率较低,运营成本急剧升高,不利于公交企业的良性运营。

4) 客流发生与吸引量

公交线网布设的目的是给大多数乘客提供便捷的出行,线路覆盖站点的客流产生与吸引量越大,满足乘客的需求量越多。而覆盖客流量较少的线路,线路的整体客流量较低,在线网中承担的客流少,不利于线网的整体运营效益。

5) 需求稳定

一般来说,企业希望线路的客流分布维持在稳定水平。需求在线路上的分布稳定,代表其吸引客流的稳定性,因此有利于公交企业运营的稳定；反之,则会使得企业必须多加关注客流变动情况,并采取措施应对需求的波动。

6) 断面客流均衡

如果同一线路各断面的客流量差异较大,即客流在线路各断面的分布极不均匀,可能会导致线路运行过程中,某些站点过于拥挤,乘客体验较差,而某些站点几乎无人乘坐,浪费公交资源,不利于公交企业和社会利益。

6.2.3 线网整体的约束

各条线路组合后形成最终的公交线网,其具有网络特有的属性,可反映各线路个体间的联系,故受到线网密度、换乘次数、满足需求情况和车队规模等因素的制约。

1) 线网密度

公交线网的密度是指城市公交服务区域每平方公里用地面积上有公交线路经过的道路中心线的长度,它反映了居民获取公交服务的便利程度。公交车保有量一定时,公交线网密度过高或过低,都会造成非车内出行时间(候车时间与步行时间)的增加,公交线网密度在 2.5km/km^2 左右时,非车内时间最短,如图 6-4 所示;当线路发车间隔固定时,候车时间接近常数,线网密度可增至 4km/km^2,但增加线网密度必须增加公交车保有量,否则候车时间增大。

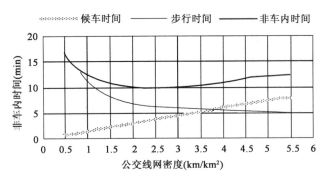

图 6-4 公交线网密度和非车内出行时间

2) 换乘次数

$$\text{tr}_{ij} \leq \text{tr}_{\max} \tag{6-7}$$

式中:tr_{ij}——站点 i 至站点 j 的换乘次数;

$\text{tr}_{\max}$——最大换乘次数。

各站点间的出行需求可通过公交线网内的不同线路完成。某些出行需求可以通过一条线路直达,而仍有些出行需求必须经过换乘才能完成,换乘次数超过两次时,即必须搭乘三条线路才能到达目的地,这极大影响乘客的乘车体验,一般此时乘客会放弃公交方式而选择其他替代交通方式出行,故公交网络限制最大换乘次数为两次。

3) 满足需求情况

$$\text{UD} \leq \text{UD}_{\max} \tag{6-8}$$

式中:UD——未满足需求的值;

$\text{UD}_{\max}$——未满足需求最大限值。

未满足需求代表的是公交网络中无法通过线路完成的出行需求,其数量的大小从侧面反映线网的覆盖率大小,线网中未满足需求越多,表明公交线网覆盖的客流需求越少,公交的可达性较差,从而影响公交的服务质量。

4) 车队规模

$$\text{FS} \leq \text{FS}_{\max} \tag{6-9}$$

式中:FS——网络所需要的最少车辆数;

$\text{FS}_{\max}$——网络可配置车辆数的最大值。

车队规模反映的是公交企业运营配置的车辆数,其数量直接关系到公交企业的运营成本,线网中所需车队规模越大,企业需要配备的车辆数越多,而每辆车都需要配置场站停车位、司售人员等资源和维修、保养等工作,因此运营成本也随之上升。

6.3 公交线网布局规划方法

城市公共交通系统的规划方案是在多个备选系统方案的设计、模拟、优化和评价的基础上比较得到的。备选系统方案来源于城市交通发展政策和交通方式结构设计,每个备选方案可能只是一组交通方式结构和交通发展政策的约束。在系统方案确定后,进行进一步的方案设计,其核心内容就是公交线网的布局优化。

目前主要有三种线网布局优化方法,分别为逐条布设法、分层布设法以及全局寻优法。

6.3.1 逐条布设法

逐条布设法的基本思路是以直达乘客量最大为主要目标,逐条布设公交线路,通过分析备选线路的起终点站位置及客流分布,确定线路的最佳配对及各线路的最佳走向,实现其他目标,并满足约束条件。该方法由东南大学王炜教授于1989年提出。

1) 基本流程

具体思路是先确定起终点站位置和数量,然后在每一对起终点站之间按最短路径布设一条线路;每次循环时均考虑相应约束及目标,优选一条直达乘客量最大的线路,将其布设到路网上,然后再次更新客流、出行时间矩阵以及起终点间的最短路径线路;反复循环选线,直到所有起终点站均已被选,从而得到线网布设方案;但最后需要对线网布设方案进行检验,若满足目标和要求即可作为最终实施方案。逐条布设法的基本流程如图6-5所示。

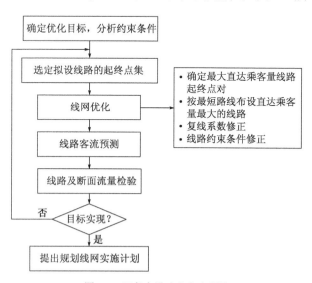

图6-5 逐条布设法基本流程图

2) 线网优化的目标及约束条件

城市公交网络对城市居民的生活有着很大影响,公交网络的规划与设计,必须以公交乘客

OD 量为依据,以方便居民出行为目的,并兼顾公交企业效益。因此,在逐条布设法中考虑以下目标:

(1) 线路的走向必须与主要客流方向相一致,以满足乘客乘车的需要。
(2) 尽可能组织直达运输,使全服务区乘客总换乘次数最少。
(3) 尽可能按最短距离布设线路,使全服务区乘客总乘行时间(或乘行距离)最短。
(4) 使规划区内的线路分布均匀,消除公交空白区。
(5) 使线路上的客流分布均匀,以充分发挥运载工具的运能。

各项约束条件如 6.2 节所介绍的,在线网布设过程中或在最后的流量检验、线网调整过程中进行考虑。

3) 备选线路起终点的确定

在逐条布设法中,备选线路起终点站的确定非常重要,这包括各交通区设线路起终点站需求分析及备选线路起终点站的位置确定。

公交网络服务区域的客流量(乘客 OD 量)通过调查、预测确定后,便可根据各交通区的总发生量或总吸引量确定需设线路的起终点站。

(1) 按客流量设站

当某一交通区高峰小时的总发生量或总吸引量大于某一设站标准时,该区必须设置公交线路起终点站。

每一交通区发生或吸引的乘客量,一般都由经过该交通区的公交线路中间站点所运送。当该交通区高峰小时的发生量或吸引量超过该交通区内线路中间站点的运载能力时,仅靠中间站点不能运载这些发生量、吸引量,则该交通区必须设置线路的起终点站,以增加运载能力。因此,可取交通区中间站点的运载能力大小为起终点站的设站标准,当某交通区的发生量或吸引量超过该值时,需设起终点站。

一个中间站点的运载能力为:

$$C_0 = B \cdot \frac{60}{t} \tag{6-10}$$

式中:C_0——一个中间站点的运载能力,人次/高峰小时;
B——高峰小时平均每车从中间站点搭载的乘客数;
t——高峰小时发车间隔,2~5min。

根据南京市的调查,高峰小时单向一个站点平均每车的上(下)乘客数为 10 人,一个中间站点双向的上(下)乘客数为 20 人,即一个中间站点平均每车在高峰小时能送走 20 人或运进 20 人,即 $B=20$ 人,考虑一定的服务水平储备,建议取 $B=15$ 人,故 $C_0=180~450$ 人次/高峰小时。

交通区中间站点的总运载能力(即设站标准)为:

$$C_i = C_0 \cdot N_i \tag{6-11}$$

式中:C_i——i 交通区中间站点的总运载能力,人次/高峰小时;
N_i——i 交通区内的中间站点个数,可根据公交线网密度及各交通区的出行量相对大小确定。

全规划区的站点个数为:

$$N_0 = \rho \cdot \frac{S}{d} \tag{6-12}$$

式中：N_0——全规划区的站点个数；

ρ——公交线网密度，km/km²；

S——规划区面积，km²；

d——平均站点间距，km。

为保障公交服务的空间可达性，在规划城市公交线网时，一般取全市平均密度 $\rho = 3 \sim 4$ km/km²，平均站距 $d = 0.5 \sim 0.6$ km。

公交线路的站点在规划区域内各交通区的分布是不均匀的，视各交通区的出行量大小、交通区性质、交通区面积及线路布设情况而定，在公交线路尚未确定前，可根据以下两种方法确定各交通区的公交线路站点个数。

①按出行量的相对大小确定：

$$N_i = N_0 \cdot \frac{T_i}{T} \tag{6-13}$$

式中：T_i——交通区 i 的总公交乘客发生量或吸引量；

T——全规划区的总公交乘客发生量或吸引量；

N_i、N_0 意义同前。

$$T = \sum_{i=1}^{m} T_i \tag{6-14}$$

式中：m——全规划区内交通区个数。

②按区域面积及密度确定：

$$N_i = \rho_i \cdot \frac{S_i}{d_i} \tag{6-15}$$

式中：N_i——交通区 i 的站点个数；

ρ_i——交通区 i 的路网密度，市中心商业区可取 $\rho = 4 \sim 5$ km/km²，近郊地区可取 $\rho = 2 \sim 3$ km/km²，一般地区可取 $\rho = 3 \sim 4$ km/km²；

S_i——交通区 i 的面积，km²；

d_i——交通区 i 的平均站距，市中心商业区可取 $d = 0.3 \sim 0.5$ km，近郊地区可取 $d = 0.6 \sim 0.8$ km，一般地区可取 $d = 0.5 \sim 0.6$ km。

按上式求得各交通区站点个数后，若各交通区的站点个数总和 $\sum_{i=1}^{m} N_i$ 不等于全规划区的总站点数 N_0，则按下式对各交通区的站点个数进行修正：

$$N_i' = N_0 \cdot \frac{N_i}{\sum_{j=1}^{m} N_j} \tag{6-16}$$

式中：N_i'——交通区 i 修正后的站点个数。

当交通区的总发生（或吸引）量 T_i 超过它的中间站点运载能力 C_i 时，需设置起终点站。一个起终点站的运载能力为：

$$C_{od} = 60 \cdot R \cdot \frac{r}{t_i \cdot k_0} \tag{6-17}$$

式中：C_{od}——一个起终点站运载能力，人次/高峰小时；

R——公交车额定载客数，铰接车取 129，单节车取 72；

r——高峰小时满载率，取 $r = 0.85$；

t_i——高峰小时发车间隔;

k_0——线路上最大断面流量与起点站站前断面或终点站站后断面的流量之比,k_0 = 1.5~2.5。

可见,一个起终点站的运载能力为 800~2000 人次/高峰小时(铰接车)或 500~1200 人次/高峰小时(单节车)。

若某交通区 i 的总发生量(或吸引量) T_i 超过该交通区的中间站点运载能力 C_i,其超过量为 ΔT_i,$\Delta T_i = T_i - C_i$,则当 $(K - 0.5)C_{od} < \Delta T \leq (K + 0.5)C_{od}$ 时,该交通区需设立 K 个起终点站。

可见,各交通区是否需设置公交线路的起终点站及需设置的起终点站个数与各交通区的出行量大小 T_i 及该交通区的中间站点运载能力 C_i 有关,而运载能力 C_i 取决于各交通区的中间站点个数 N_i,因此,在确定 N_i 时应慎重。在前面介绍的两种中间站点个数确定方法中,按出行量相对大小确定的中间站点个数 N_i,对于市中心商业区可能偏大(因为中心商业区的公交出行量特别集中),对于近郊区可能偏小(因为近郊区的公交出行量较小),从而可能导致市中心区的中间站点运载能力很大而需设置的线路起终点站很少,近郊区的中间站点运载能力很小而各近郊交通区均需设置线路起终点站的情况。按区域面积及密度确定的中间站点个数 N_i,如果密度 ρ_i、站距 d_i 选取合理,则计算的 N_i 也合理,但各交通区 ρ_i、d_i 的选取比较困难,在实际应用时可先根据前述两种方法计算中间站点个数 N_i,酌情取值。对于老城市的公交线网规划,根据前述计算的 N_i 再考虑原有公交线网中各交通区的中间站点个数酌情取值,更能符合实际。

(2)按实际要求设站

对于某些特殊地区,如车站、码头、风景区、居民生活小区等,为满足乘客的出行需要,方便居民生活,即使总发生(吸引)量未达到设站标准,也可考虑设公共交通线路的起终点站。

由于公交线路通常为双向线路,某点为某线路的起点站,则它必为另一方向该线路的终点站,故起终点站的个数应为双数,以便形成双向线路,而双向线路的条数为起终点站个数的一半。

4)公交优化网络的构建

确定了拟设线路的起终点站后,便可对起终点站进行配对,以构成公交线网。不同的起终点站配对,能构成不同的公交线路,不同的线路能运送不同的直达乘客量 Z_{ij}(不需要换乘的公交乘客量)。为了使全服务区总的换乘次数最少,在设置公交线路时,应以直达乘客量最大为目标。

各起终点对的直达乘客量 Z_{ij},在线路的设计中起着关键性的作用。直达乘客量 Z_{ij} 与线路的走向有关。为了使全服务区内乘客总乘行时间(或距离)最短,在确定各备选线路的最佳走向时,以两点间路线最短为目标,即每一起终点对之间的最短路线均被作为拟设线路的备选方案。这里的最短路是广义的,不一定是长度最短,通常采用的是行驶时间最短。

若全规划区有 n 个起点与终点站,则备选的线路有 $n \times n$ 条,每条备选线路均取最短路线作为最佳走向。走向确定后,O 点、D 点均在该线路上的乘客 OD 量为该备选线路不需换乘的直达乘客量 Z_{ij},每一备选线路均有与其相对应的直达乘客量。

一条公交线路只能有一个起点及一个终点,因此,起终点之间的优化配对问题,实质上是一个指派问题(Assignment Problem),其数学模型为:

$$\max S = \sum_{i=1}^{n} \sum_{j=1}^{n} Z_{ij} \cdot X_{ij} \tag{6-18}$$

$$\text{s.t} \begin{cases} \sum_{i=1}^{n} X_{ij} = 1 & j = 1,2,\cdots,n \\ \sum_{j=1}^{n} X_{ij} = 1 & i = 1,2,\cdots,n \\ X_{ij} = 1 \quad \text{或} \quad 0 \end{cases} \tag{6-19}$$

式中：S——全服务区公交线网总直达乘客量；

n——线路起点或终点个数；

Z_{ij}——起点 i 与终点 j 配对时，该线路所能运送的直达乘客量，它与线路走向有关；

X_{ij}——0-1 变量；若 i 起点与 j 终点配对，则 $X_{ij}=1$，否则，$X_{ij}=0$。

上述模型的求解比较方便，但在上述模型确定的起终点配对中，有两个问题无法解决：

（1）公交线路多数集中在行驶车速较高的主干道路上，而在其他道路上出现公交空白区。

（2）由于在主干道路上有多条线路通过，这些线路的直达乘客量中，有一些是重复计算的。也就是说，由理论模型计算的直达乘客量最大并不一定就是实际的直达乘客量最大。

因此，由"指派问题"确定的只是理论优化线网，并非实际优化线网。这时我们采用"逐条布设、优化成网"的方法确定公交优化线网。

公交网络中的线路按以下原则逐条设立。在 n 条备选线路中，取直达乘客量最大的那一条为公交优化网络中的线路，并按其最短路线布设该线路。

某一条优化线路确定以后，应从原来的乘客 OD 量矩阵中减去该线路所能运送的乘客 OD 量，并从起终点集中除去已设线路的起终点号，对已设线路上的行驶时间进行复线修正，以避免在以后设线时多次重复该线路。对留下的起终点集及修正后的乘客 OD 矩阵，重复上述过程，即重新确定直达乘客量最大的线路并布设，直至把 n 条优化线路全部布设在网络上为止。

按这种方法确定的公交优化线网，其线路走向与客流方法基本一致，并能保证全服务区的换乘次数最少。在定线过程中，通过采取一系列的限制、修正措施，基本上能满足前面提到的全部目标。

5）公交线路断面流量检验

在前述的公交线网优化算法中，各条线路是逐条布设的，不可能考虑各条线路的客流相互吸引问题。公交线网确定以后，各交通区之间的公交乘客 OD 量将按已确定的公交线网出行，分配到每一条公交线路上，且各条线路间相互吸引。因此，网络确定后各条线路的实际吸引客流量与前述逐条计算的线路断面流量有差异，需重新对全网的公交乘客 OD 量进行分配及对线路各断面的流量进行检验。

公交乘客 OD 量在公交线网上的分配，可按多路径分配方法进行。对于比较复杂的公交网络，各交通区之间不只一条公交线路连接，对于公交乘客来说，均可有几条线路供选择，每条出行线路分配到的出行量分配率，可根据各线路的长度、换乘次数确定。

为了充分发挥公交运能，各线路的客流分布应比较均匀。对于路段不均匀系数 K_a，一般要求 $0.5 \sim 0.7 < K_1 < 1.3 \sim 1.5$，当 $K_1 > 1.3 \sim 1.5$ 或 $K_1 < 0.5 \sim 0.7$ 时，应采取相应措施，如开区间车等。对于方向不均匀系数 K_2，一般要求 $K_2 < 1.2 \sim 1.4$，否则应采取增加单向车次等措施。

如果路段不均匀系数、方向不均匀系数远远不能满足要求，则应重新调整方案。

6）公交线路停靠能力检验

按上述方法确定线路断面流量后，便可根据路段断面流量计算每条线路的公交车交通量及配车数。

一条线路的公交车交通量为：

$$N = \frac{Q_{max}}{R \cdot r} \tag{6-20}$$

式中：Q_{max}——线路最大断面流量；

R——公交车辆定载客数，与车型有关；

r——公交车满载率，一般高峰小时取 0.85。

通常，一个路段上同时有几条公交线路通过，并在同一路段上设站，此时，该路段的公交车停靠交通量为停靠的各线路交通量之和，各路段的公交车停靠交通量必须小于它的公交车停靠能力。

公交线路的停靠能力主要取决于车辆的停靠时间(乘客下车时间)、减速加速时间。因此，停靠能力与车型、车辆长度、车门数有关。当某一路段上同一站点停靠的公交线路较多时，通常一个站点不能满足停靠要求，此时可设置多个同名站点分散停靠交通量。多个同名站点的停靠能力由下式计算：

$$D = D_1 \cdot i \cdot K_i \tag{6-21}$$

式中：D_1——只设一个同名站点的停靠能力；

i——同名站点的个数；

K_i——同名站点利用系数，取值为 $i=1$ 时，$K_i=1.0$；$i=2$ 时，$K_i=0.8$；$i=3$ 时，$K_i=0.7$。

同一路段上设置多个同名站点，可以提高停靠能力，但给乘客换乘带来了不便，一般认为同名站点数不宜超过 3 个。

如果在公交网络中某些路段的停靠交通量大于该路段的停靠能力，则必须对网络进行调整，改变某些线路的走向，以满足停靠要求。

6.3.2 分层布设法

一般将公交线路划分为 3 个层次：公交主干线、公交次干线和公交支线。公交主干线速度快、发车频率高，公交支线可以通过采用小车型来降低发车间隔、填补支路空白，提高公交吸引力。对城市公交线路功能层次的合理划分，有利于针对不同线路的客流需求特点进行相适应的运营组织。如表 6-1 和图 6-6 所示的为快速公交客流走廊接驳支线的四种布设形式。为了吸引更多的客流，很多快速公交都通过设置接驳线覆盖走廊纵深区域，接驳支线通常采用标准单机车或更小容量的车辆运营，并采用较低的换乘费用。

快速公交接驳支线布设形式 表 6-1

序号	接驳线形式	接驳覆盖范围	覆盖快速公交车站	调度管理	首末站条件
1	连接快速公交车站与周边客流点的接驳线	快速公交走廊一侧的客流集散点	一座	在快速公交车站周边调度，能对乘客需求及时响应	在快速公交车站周边设置首末站，需要在系统设计时预留条件
2	连接快速公交车站周边区域的循环接驳线	快速公交车站周边的较小区域	一座	在快速公交车站周边调度，能对乘客需求及时响应	在快速公交车站周边设置首末站，需要在系统设计时预留条件

续上表

序号	接驳线形式	接驳覆盖范围	覆盖快速公交车站	调度管理	首末站条件
3	以快速公交车站为中途站的接驳线	快速公交车站周边的数个客流集散点	一座	不在快速公交车站周边调度	利用快速公交走廊纵深区域的合适位置作为首末站
4	连接多座快速公交车站的接驳线	快速公交走廊数个车站周边的纵深区域	一般为2~3座	可在快速公交车站周边调度	可利用快速公交车站周边或纵深区域的合适位置作为首末站

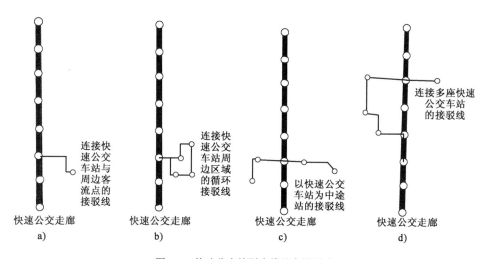

图6-6 快速公交接驳支线的布设形式

分层布设法是结合逐条布设法和公交线路功能等级划分的思想,以交通小区间公交客流 OD 矩阵为基础,在确定的公交线网规划指标与线路标准条件下,依次确定公交主干线网络、次干线网络和支线,但各功能层级网络的具体线路确定仍依据逐条布设法,基本流程如图6-7所示。

6.3.3 全局寻优法

全局寻优法的一般思路是先根据约束条件生成备选线路集,然后通过各线路间的相互组合构成候选方案,最后采用合适算法从中选出最优目标所对应的线路组合方案。

关于公交线网优化目标问题,Avishai Ceder 教授在其所著《公共交通规划与运营——建模、应用及行为》第2版第15章做了详细讨论,并构建了公交线网设计问题的运营目标函数框架,该框架综合考虑了乘客、公交企业和社会三者的利益,

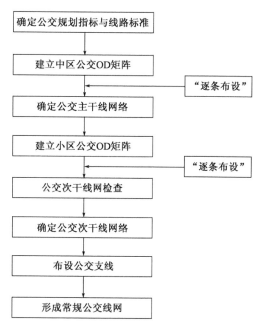

图6-7 分层布设法基本流程图

并遵循以下 4 条准则：
(1) 乘客等待时间最小。
(2) 车辆空座时间最小。
(3) 与选择最短路径的时间偏差最小。
(4) 车队规模最小。

前面三条准则可通过乘客小时来衡量，最后一条可采用车辆数来衡量。准则(1)体现了乘客角度；准则(2)和(4)代表公交企业角度；准则(3)既代表了乘客也代表了社会或政府的角度。

针对不同的公交线路集合，公交线网设计问题基于两个基本的目标函数，即 Z_1 最小和 Z_2 最小：

$$Z_1 = \begin{cases} a_1 \sum_{i,j \in N} \text{WT}(i,j) + a_2 \sum_r \text{EH}_r + a_4 \sum_{i,j \in N} \text{DPH}(i,j) \\ a_1 \sum_{i,j \in N} \text{WT}(i,j) + a_2 \sum_r \text{EH}_r + \sum_{i,j \in N} [a_3 \text{PH}(i,j) - a_4 \text{DPH}(i,j)] \end{cases} \tag{6-22}$$

$$Z_2 = \text{FS} \tag{6-23}$$

其中，$\text{WT}(i,j)$ 为节点 i,j 之间的等待时间(定义为乘客花在两节点间所有公交站点上的时间总和)，$i,j \in N$，在式中代表的是期望乘客等待时间最小，即考虑了公交用户(乘客)的利益，a_1 为每小时等待时间的货币价值。

EH_r 为路径 r 上的空座小时(定义为单位小时单辆公交车上没有被利用的座位或空间，空座小时用以衡量车辆利用率)，在式中代表的是期望车辆空座时间最小，即考虑了公交企业利益，希望公交车的座位或空间得到最大化利用，a_2 为每小时平均货币收益除以平均每小时上车人数，该目标是使未利用座位数总的货币价值最小。

$\text{DPH}(i,j)$ 为 $\text{PH}(i,j)$ 与最短路径上节点 i,j 之间总乘客小时之间的差，$\text{PH}(i,j)$ 为节点 i,j 之间的乘客小时(定义为单位小时单辆公交车上的乘客乘行时间，用来衡量两个节点之间乘客乘行的时间)，$i,j \in N$，$\text{DPH}(i,j)$ 在式中代表的是 $\text{PH}(i,j)$ 与最短路径的时间偏差最小，a_3 为最短路径(以小汽车或其他某种出行模式)和公交线路之间每小时平均成本或费用差，a_4 为每小时乘客车上时间的货币价值，该目标是使乘客总出行时间损失(货币价值)最少。

FS 为车队规模(为满足选定路径集上所有的出行所需要的公交车辆数)，在式中代表的是期望企业的车队规模最小。

式(6-22)包含的目标函数 Z_1 可以有两种解释，分别为乘客总损失时间最小或效用最大，当权重为 1 时，其结果为乘客小时。式(6-23)则只与最小的车队规模目标相关。

目前，理论研究多从全局最优角度出发，按照如下两大步解决该问题：第一步，输入需求矩阵等已知条件，采用最短路等算法和考虑约束条件，以得到候选线路集；第二步，结合优化目标和约束条件建立优化模型，选取合适算法以求出最优公交线路方案，最后根据实际情况加以调整。另外，考虑到公交线网布设时所受影响因素繁杂，为使优化结果更贴近实际，一般从乘客、企业和社会多个角度，建立多目标规划模型，并采用启发式算法求解。

常见的求解流程如图 6-8 所示，具体步骤如下。

(1) 步骤 1：数据输入

通过城市基础资料调研等工作，分析现状土地、人口分布特征并进行客流需求预测，得到公交需求矩阵；同时查阅公交线路相关设计规范及标准，了解布设时需要遵循的限制标准，从而构建公交线网设计模型。

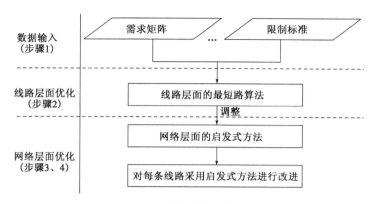

图 6-8　公交线网设计问题求解框架

（2）步骤 2：线路层面优化

① 创建初始可行线路集。

根据公交节点网络结构图可以得到网络各相邻节点间的路程时间，即确定邻接矩阵。由实际公交网络可知，网络中存在固定的站场节点以作为线路的起点或终点，故候选线路必定是以站场节点 i 与站场节点 j 间较短的线路为准。可采用 K 最短路算法（K Shortest Paths，KSP），根据网络规模设定 K 的数值，计算得出各类站场节点间排在前 K 位的最短线路，并将其放入初始候选线路集。

② 删除过短或过长线路。

可根据线路长度的约束范围来筛选线路，从初始候选线路集中删除过短或过长的线路。

③ 覆盖重要节点。

为保证关键需求节点之间有通线路，应覆盖网络中重要的需求吸引/产生（A/P）点。确定重要的 A/P 点后，按线路覆盖的重要节点数量对线路进行排序；覆盖重要节点数量最少的线路将从候选线路集中被删除。

④ 实践人员确定线路。

允许公交实践人员在可行线路集排序中，有选择地插入既有的线路或经验判断后希望布设的线路，并形成最终的可行线路集，此步骤在实践中非常重要。

（3）步骤 3：网络层面优化

最终的可行线路集中，各线路的相互组合可以构成大量的候选线网方案，需要从中选择目标函数最优的方案作为最终方案。由于数据量大、计算复杂，一般结合计算机程序采用启发式算法来寻优求解。例如，若使用遗传算法，可将染色体结构使用二进制编码，令其长度为"可行线路集"的大小。如果某条线路被纳入公交网络，则其对应的编码值将为 1，否则为 0，与整数规划中 0-1 变量的含义类似。因此，二进制编码中 1 的总数就是网络中的线路总数。通过对每条染色体的目标函数计算和迭代比选，从而获得近似最优的染色体，即最优线网方案。

（4）步骤 4：线路调整改进

通过采用遗传算法等启发式算法，步骤 3 产生了一个公交网络，然而，由于遗传算法固有的随机性，该网络仍无法覆盖到部分公交需求。因此，在该网络的基础上，步骤 4 将提高每条线路的需求覆盖度。首先，针对每条线路（未检查）创建可增加到线路中的节点集，且每个新增节点与线路的起终点要为直接连接关系;再计算所有新增节点的需求量,对需求量从大至小排序,并按此顺序依次检查新增节点,如果新路线仍满足线路约束条件,那么该新增节点将被加入到相应的线路,如果不符合,则将其从新增节点集中删除,检查下一个新增节点,直到新增节点集中没有元素为止。

6.3.4 现有网络的优化改造及近远期网络的优化配合

采用前述公交线网优化方法,能建立一个全新的公交线网系统,这对于新建城市的公交规划来说,无疑是合理的。但在进行旧城市的公交规划时,一般已有一个初具规模的公交线网系统,否定原有网络中的所有线路而建立一个全新网络,不易实现。同样,在进行远期公交网络规划时,否定近期公交规划线网中的所有线路,也是不合理的。一个合理的公交线网规划方案,应该是近期方案与现有网络相配合,远期方案与近期方案相配合,即在进行近期公交线网规划时,应保留部分合理的现有公交线路。因为人们对新设公交线路需一个比较长时间的熟悉过程,经常变动公交线路或大规模变更公交线路,会给居民乘车带来很大的不便。在进行公交线网规划时,必须做好近期与现状、远期与近期公交线网的优化配合。

现状城区公交线网规划通常是在现有公交线网基础上,根据客流变化情况、道路建设及新客流吸引中心的需要,对原有线路的走向、站点设置、运营指标等进行调整或开辟新的公交线路。除非城市用地结构、城市干道网发生大的变动,如对外客运交通枢纽的迁建、新交通干道的开辟或开通新的大运量快速轨道交通线路,一般不作大的调整,因此要求公交线网规划必须要结合现有网络进行设计与调整,具有较强的实用性。

在实际工程中,公交线网规划方案的产生是一个操作性较强的交互式优化过程,如图6-9所示。

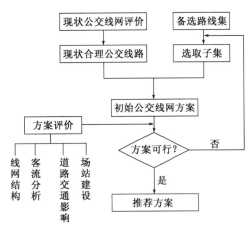

图6-9 公交线网规划设计与优化分析基本流程

首先将原公交线网中合理的线路保留下来作为规划线网的一部分。这考虑到了居民公交出行及公交线网规划的连续性,原公交线网绝大部分合理而又具有较好的公交运营效益的线路是公交规划线网中的相对稳定的部分,这与城市绝大部分区域(特别是老城区)人口分布、用地情况相对稳定的特点是适应的。

然后,从备选线路集中选取不同的公交线路子集,与上述相对稳定的线路集中在一起构成一个公交线网规划初始方案。备选线路集的产生主要有两个途径:一是结合预测的城市公交OD分布情况,通过逐步扫描法,得到OD量较大的OD点对之间的客流选择路径,作为备选线路集的一部分;二是考虑实际公交客运特点,充分汲取公交运营企业的意见,将企业提出的公交线网新增、调整的某些线路纳入备选线路集。

对公交线网方案一般应从以下三个方面进行宏观总体的分析和评价:
(1)城市各片区的公交线网覆盖是否与其公交需求相适应。
(2)城市公交线路各主要走向的组线分配是否与各方向上的客流量相匹配。

(3) 城市公交线网密度是否达到规划目标。

在对公交线网方案进行评价分析的基础上对其进行优化调整,特别是对各条备选线路进行综合效益分析。公交线路综合效益分析主要包括线路的社会效益、线路的营运效益、线路的预测客运总量以及线路的客运功能。经过分析评价,剔除不合理线路,从备选线路中集中选取新的公交线路,再次形成一个公交线网方案,得到下一次迭代的公交线网规划初始方案。调优过程如此迭代下去,直至组成备选线路集的各条线路的效益或评价值符合目标要求为止。必要时也可对方案作适当的局部性调整,最后得出公交线网规划推荐方案。

6.4 公交线网设计新思路——公交线网"革命"

6.4.1 公交线网"革命"背景

地面公交客流下降是世界很多城市近些年面临的难题。在国内各大城市,地面公交客流的损失抵消了轨道交通客流的增长,政府虽然投入大量资金用于轨道交通建设和地面公交补贴,但公共交通的分担率未见明显提升。在国外发达城市,低油价以及互联网公司的掠夺性市场战略,助推小汽车和网约车出行量陡增,而公交人工成本居高不下,发展陷于停滞,包括地面公交在内的公共交通客流整体呈现下降趋势。

如何更清晰地思考地面公交的发展策略,进而提高公共交通系统的整体竞争力,已经成为一项世界难题。特别是在我国居民收入水平持续提高、各类交通新业态涌现的大背景下,亟需从改革的角度出发,探索新的公交发展路径。

面临困境,世界各地掀起公交改革热潮,社会各界参与到公交改善的对话中来。公交线网"革命"主张从"被动调整线路"到"主动塑造需求",构建全新公交规划模式,对标小汽车出行,提供自由度极高的公交服务。世界公交线网"革命"大事记如图6-10所示。

图6-10 世界公交线网"革命"大事记

6.4.2 公交线网"革命"基本理念

开展公交线网"革命",是世界一些先进城市面对公交发展困境所做出的创新尝试。自2012年以来,以巴塞罗那、旧金山、莫斯科、都柏林等为代表的城市,采用这种创新的理念对公交线网进行了彻底的重构。不同于传统公交线网规划相对被动、追随客流渐进式调整的模式,公交线网"革命"提出以"可全面替代小汽车"为目标,对包括地面公交在内的公共交通线网进行整体设计,为乘客提供媲美小汽车的出行可达性,主动塑造客流,引导城市可持续发展,并且以不增加财政预算为前提。这些城市突破了公交规划中的一些传统观念和制约瓶颈,不但收获了客流的增长,还取得了显著的经济效益和社会效益。

开展公交线网"革命"的重要基础,是美国工程院院士 Carlos F. Daganzo 在 2010—2017 年进行的一系列研究。他提出:"可替代小汽车的公交系统,要能满足城市中任意点到任意点之间的出行需求,提供高品质、全天候的服务,并且易于乘客辨识和上手。只有这样,才能促使私家车主放弃开车,即便他们拥有复杂的出行链和随机的出行需求。公交系统必须做到时间和空间全覆盖,空间的高覆盖减少了人们步行接驳至目的地的时间,时间的高覆盖确保了较短的等候和换乘时间,使得人们走路、等车、换乘的时间之和与开车人步行至停车场和找车位的时间相当——差不多 10min。保障车内行程时间和小汽车基本相当,并具有一定的成本优势和可靠性。"在传统的公交规划模式下,这样的目标是难以实现的。为实现这一目标,根据成功开展公交线网"革命"的城市经验,总结出以下几点理念创新:

(1)公交发展定位的转变,从简单的"缓解城市交通拥堵",提升为"全面替代小汽车",满足人们日益多样化的高品质出行需求,而不只是服务于固定的通勤出行或低收入群体的保障性出行。

(2)公交线网形式的转变,从尽可能避讳换乘、提倡出行的"直达性",转变为关注公交线网整体的"可达性",注重换乘环节和发车间隔的设计,使乘客可以快速到达线网内任意目的地,媲美小汽车出行的自由度。

(3)公交企业运营策略的转变,从"以需求决定供给"的被动模式,转变为"以供给塑造需求"的主动策略,公交线路设计不为满足单一群体的个性化需求,而是为了公交系统整体发挥最大效益。

(4)公交乘客出行感观的转变,从繁杂的线路、无规律的站点、参差不齐的手机 App 中解脱出来,并打破制式间的壁垒,取而代之的是任何人、任何时间、去任何地方都可以选择的"傻瓜式"出行服务。

(5)公交设施设计的转变,从关注车辆和路网的顺畅运行,转变为保障乘客全出行链行程时间的竞争力,当小汽车完成的出行都能由公共交通完成,公交也就不再需要向小汽车出行者妥协。

表 6-2 给出了传统公交线网规划与公交线网"革命"的规划理念对比。

传统公交线网规划与公交线网"革命"的规划理念对比 表 6-2

规划理念	传统公交线网规划	公交线网"革命"
公交定位	以缓解交通拥堵为首要目标,重视上下班高峰的固定通勤需求,兼顾为低收入群体提供保障性服务	以全面替代小汽车为首要目标,满足全天候、全人群、多样化的出行需求,实现经济发展与小汽车发展脱钩
线网形式	关注公交线路的"直达性",乘客通常沿固定公交线路出行,尽量避免换乘或仅在少数重点枢纽换乘,用线路数量和直达性评判服务质量	关注公交线网整体的"可达性",乘客出行不受固定线路约束,通过诸多便捷的换乘机会可达城市任意目的地,用发车频率和全过程出行时间评判服务质量
运营策略	公交企业优先将资源用于开行尽可能多的线路,线路走向和服务水平由企业根据客流自主制定,政府较少干预("以需求决定供给")	公交企业优先将资源用于加密班次、丰富线路层次,换乘节点设计、发车间隔编制和线网简洁性纳入政府线网规划环节统一设计("以供给塑造需求")
乘客界面	以企业管理简便为导向,按不同制式、不同车型、不同速度划分线路,乘客需依赖手机 App 寻路	以乘客乘车简便为导向,按"高频线"和"低频线"划分线路,张贴公交线路图和指引标识,提供"傻瓜式"服务
设施布局	重点保障车辆和路网运行的畅顺,通过深港湾车站、大型换乘枢纽容纳众多公交线路,车站远离路口	重点保障乘客安全出行链行程时间的竞争力,公交站台向外凸出,贴近车道,交叉口换乘,减少车辆绕行和时间损耗

6.4.3 公交线网"革命"核心目标

公交线网"革命"的核心目标,就是在相同的财政预算下,通过重构公交线网,为乘客提供最大化的出行可达性,尽可能替代小汽车出行。为实现这一目标,首先需要打破的瓶颈,就是"换乘恐惧症"。传统观念认为,公交乘客对换乘十分厌恶,因此公交部门应开行尽可能多的直达公交线路,在避免换乘的前提下连接尽可能多的OD。然而,在活动日益分散和多样化的大城市,即使开通再多的线路也难以媲美小汽车出行的自由度。以澳大利亚墨尔本为例,即便拥有数百条公交线路,乘客一次乘车可直达的目的地数量不到整个城市的5%。在财政预算的制约下,开行大量的线路也就意味着每条线路的发车频率不会很高,且易形成冗长、重复、高度复杂的线网结构,加剧人们对乘坐公交的抵触。

为打破这种恶性循环,公交线网"革命"将换乘环节纳入公交线网规划当中统一设计。根据Daganzo院士的后续研究,以"换乘"为突破口的公交线网设计,若想实现很高的品质,需具备以下几个特征:

(1)线路覆盖全面、换乘容易、不绕路。
(2)线网简洁、容易上手(例如"棋盘+放射"结构)。
(3)发车频率高。

这样的线网形态,与国内城市轨道交通线网十分相似。当这些条件得到满足,就容易实现不同公交线路之间、公交与轨道两网之间的全面融合,使乘客出行不受固定时刻表、固定线路、固定制式的限制,尽可能提高不开车人群的出行可达性,发挥公共交通相对小汽车的最大竞争力。

2012年,在Daganzo院士的主导下,西班牙巴塞罗那尝试了一种创新的公交线网设计——"网格状公交"(Orthogonal Bus)系统,初期亦称"地铁式公交"(Metrobus)。巴塞罗那将市区原本的63条公交线路合并成了由8条横线、17条纵线、3条对角线,共28条线路组成的"棋盘+放射型"骨干公交线网。这种公交系统提供类似地铁的高品质出行体验——由长达24m的大型低地板双铰接公交车辆承运,以全天候4~6min的超高发车频率穿梭在城市中,每条公交线路负责覆盖一条主要街道、贯穿整个城市,通过位于交叉口的换乘站便捷转换,配以完善的信息指引,尽可能减少人们对换乘的阻抗。

从效果来看,新公交线网中虽然换乘有所增加,但经过与土地利用充分契合,90%的出行换乘次数可控制在一次以内。预计远期线网整体换乘系数为1.44左右,仍处于可接受水平。同时,新线网用更低的成本提供了翻倍的发车频率,平均发车间隔从12.30min压缩至6.18min,未来将继续压缩至4min,大幅缩短候车时间。公交运营所需要的配车数从此前的761部减少到573部,显著节省运营成本。因为线路更加顺直、发车间隔大幅压缩,配以积极的公交优先措施,即便换乘有所增加,新线网中大部分OD间的出行时间显著缩短。研究人员选取了四条具有前后可比性的线路,发现客流平均增长近19%。

巴塞罗那的成功经验证明:

(1)公交乘客对换乘的厌恶远远没有人们想象的严重。
(2)设计得当的"换乘型"公交线网可以比传统模式更有吸引力,具有强大的网络效应——换乘给乘客带来的不便可以被其带来的诸多好处所弥补。可以看到,如果公交发展所必备的条件都能得到满足,地面公交系统是能够提供类似地铁、甚至媲美小汽车的高品质出行服务的。这一结论为城市公交的改善提供了广阔的探索空间。

复习思考题

1. 结合公交线路网规划目标分析,谈谈你对图 6-4 的理解。
2. 结合公交线网"革命"的思想内涵,探讨现阶段我国不同规模城市的地面公交线路/线网存在的主要问题及可能的改进策略。

第7章
城市公交场站规划

公交场站是城市公共交通的基础性设施,其规划应保障城市公交系统安全高效运营。关于城市公共汽电车交通场站的规划建设,《建设部关于优先发展城市公共交通的意见》(建城〔2004〕38号)中明确提出:要按照统一规划,统一管理,政府主导,市场运作的方式,加大政府投资建设的力度,加强公共交通场站的建设。机场、火车站、客运码头、居住小区、开发区、大型公共活动场所等重大建设项目,应将公共交通场站建设作为项目的配套设施,同步设计、同步建设、同步竣工。要注重各种交通工具换乘枢纽的建设,以缩短不同交通方式之间的换乘距离和时间,方便乘客换乘。

本章简要介绍城市公交场站体系构成,结合襄阳城市公交规划案例介绍各类场站的规划要点。

7.1 公交场站体系构成

城市公交场站主要分为两类。一类是担负公交线路运营调度和换乘的各种车站,包括公交枢纽站、首末站、中途停靠站。另一类是担负公交线路分区、分类运营管理和车辆维修的公交车场。公交车站确定了公交线路的空间走向,是保障公交正常运营的"前方阵地";公交车场则是保障公交车辆良好运营的"后方大营",其功能主要是服务于公交车辆的停放和维护保养,通常设置为综合性管理、车辆保养和停放的中心停车场,也有专为车辆保养设保养场和专为车辆大修设修理厂。

襄阳市城市公共交通规划从功能角度对公交场站进行分类和梳理，建立的公交场站功能分类体系如表 7-1 所示。

公交场站功能分类一览表（襄阳案例）　　　　　　　　　　　表 7-1

分 类			功　　能
车站	枢纽站	综合客运换乘枢纽	主要服务城市与周边区域的客运需求，面向城际间长距离出行的集散与转换
		城乡换乘枢纽	中心城区与市域重点乡镇/毗邻城市间的交通出行衔接和换乘枢纽（公路短途客运站、大型公交首末站等），衔接外围乡镇至中心城区的公交线路
		城市内部公交换乘枢纽	城市不同公交方式、多条公交线路交汇的地点，地面公交之间、地面公交与轨道交通之间的换乘
		特色枢纽	主要为游客提供公交旅游专线服务设施
		中心镇集散中心	中心城区外围重要的乡镇客流集散点
	首末站	与枢纽站结合	与铁路、公路等对外交通枢纽相结合，承担城市内部各片区以及周边城镇客流的集散作用
		一般首末站	公交线路的起终点站，为线路到发车服务
	中途停靠站		为公交乘客中途上下车服务
车场	停车场		为线路运营车辆下班后，尤其是夜间提供停放空间，并对车辆进行低级保养和小修作业
	保养场		承担运营车辆的高级保养任务以及相应的配件加工、燃料储备、存取等功能
	修理厂		承担公交车辆的大中修理作业功能

7.2　公交场站布局规划思路及规模控制

7.2.1　布局规划思路

公交场站规划应以满足功能、节约用地为总体规划原则，通过现状分析以及发展模式的研究，在需求预测的基础上，整合各类枢纽及场站设施规划布局，为公交线网优化布设提供条件。

1）枢纽站规划思路

公交枢纽站是为不同公交线路之间、公交与其他交通方式之间客流转换衔接而设置的综合性客运服务设施。

衔接城市对外交通与市内交通的综合客运枢纽站，是实现交通方式转换、交通性质改变的场所，通过客运枢纽站的合理布设，可节省乘客进、出城时间；便捷地连接城市各功能分区的客运枢纽站，可合理地组织城市交通、均衡客流分布，既有利于公交线路优化调整、增加公交运营线路的应变能力、提高公交运营效率，更可以方便乘客换乘，缩短出行时间，从而提高公共交通的竞争力，吸引客流，对充分发挥各种交通方式的优点、改善城市客运交通结构有重要的引导作用。

公交枢纽站规划应以尽量减少换乘给乘客带来的不便为前提，其布局选址应充分考虑城市客流主要发生吸引源，方便各级活动中心的居民出行。城市的大型公共建筑，如大型体育场、图书展览中心（公共图书馆、博物馆、科技馆、纪念馆、美术馆和展览馆、会展中心等）、文化活动中心等，由于人流集中，公共交通的需求大，而且这些地区作为城市中交通集聚的重要节点，也必须采用便捷的公共交通服务，因此公交枢纽站应尽可能与城市的大型公共建筑一体规划、设计。

通常多条道路公交线路共用首末站时应设置枢纽站，设计时应坚持人车分流、方便换乘、节约资源的基本原则，宜采用集中布置，统筹物理空间、信息服务和交通组织的一体化设计，且应与城市道路系统、轨道交通和对外交通有通畅便捷的通道连接。机场、高铁站等大型对外枢纽应设公交换乘枢纽站；轨道工程应设沿线接驳换乘枢纽。

2）首末站规划思路

首末站作为公交线路的主要控制点和若干线路的可能交汇点，关系到乘客出行是否方便、公共交通的社会经济效益和线路调整等重要方面，在整个公交线路网络中具有举足轻重的地位。

对公共交通首末站的规划主要包括起、终点的位置选择，规模的确定以及出入口道路的设置等几方面内容。首末站布局应以提高公交服务覆盖为基本原则，根据综合交通体系的道路网系统和用地布局，按下列要求确定：

（1）首末站应选择在紧靠客流集散点和道路客流主要方向的同侧。

（2）首末站应临近城市公共客运交通走廊，且应便于与其他客运交通方式换乘。

（3）首末站宜设置在居住区、商业区或文体中心等主要客流集散点附近。

（4）在火车站、客运码头、长途客运站、大型商业区、分区中心、公园、体育馆、剧院等活动集聚地和多种交通方式的衔接点上，宜设置多条线路共用的首末站。

（5）长途客运站、火车站、客运码头主要出入口100m范围内应设公共交通首末站。

（6）0.7万~3万人的居住小区宜设置首末站，3万人以上的居住区应设置首末站。

（7）在设置无轨电车的首末站时，应根据电力供应的可能性和合理性将首末站设置在靠近整流站的地方。

为充分发挥首末站服务乘客集散功能，提高公交服务可达性和运能保障水平，《城市综合交通体系规划标准》（GB/T 51328—2018）提出宜在居住用地、城市各级中心商业用地、交通枢纽用地处考虑配建公交首末站，上述类型用地地块的几何中心500m范围内，经人口、岗位与用地规模进行测算后满足表7-2的要求时，应考虑在该用地内配建首末站。

配建首末站的人口与就业岗位要求　　　　表7-2

类　别	规划人口规模100万以下	规划人口规模100万及以上	
		有轨道交通	无轨道交通
500m半径范围内的人口与就业岗位数（个）之和	8000	15000	12000

在襄阳市城市公共交通规划中，对于公交首末站的布局规划主要考虑了以下3种情况：

（1）对现状场站，主要通过现状调查分析，对运行及基础条件较好的场站设施予以保留；对用地性质与相关已定规划吻合，但规模、位置略有差别的场站进行调整（扩建、改建等）。

（2）对已有规划（城市总体规划、上一轮公交专项规划以及相关片区规划等）预控场站，通过核实现状用地与规划用地的关系,尽量沿用已有规划的公交场站设施用地,以保证用地的落实;对于部分客流较大地区的首末站,建议提高其规模。

(3)对新增场站,主要在以上两类场站的基础上,在总体规模预测的控制下,对公交站点覆盖薄弱地区以及主要客流集散点进行布局。

3)公交车场规划思路

公交车场包括停车场、保养场和修理厂。公交车场的规划布局总体上应遵循以下原则:

(1)分区服务,提高效率:以公交服务片区为单元,各片区至少规划一处大型停保场以及若干处停车场,服务于分区内首末站车辆停车保养,减少车辆绕行,提高运行效率。

(2)区分功能,灵活布局:部分规模较大的首末站可承担夜间停车功能,减少单个停车场用地规模,便于停保场的灵活布置以及规划用地的落实,也可减少车辆绕行距离。

(3)高保集中,低保分散。高级保养作业要相对集中,低级保养作业相对分散,以便提高高保装备的水平和综合维修能力,及时、就地进行车辆的日常维护和检查,节省一次投资和经营费用。

(4)优化选址,便于组织。避开闹市区、居民区和主干路,选择交通量少,进出方便的次干路旁,保证停保场出入口的顺畅,被选地块的用地面积要为后续发展留有余地,同时又不至于对附近街区未来发展形成障碍。

停车场的主要功能是为线路营运车辆下班后提供合理的停放空间、场地和必要设施,并应能按规定对车辆进行低级保养和小修作业。在城市总体规划中应有计划地安排停车场用地,将停车场均匀地布置在各个区域性线网的重心处,使停车场与所辖线网内各线路的距离最短,其距离一般在1~2km以内。停车场距所在分区保养场的距离宜在5km以内,最大应不大于10km。

保养场的功能主要是承担运营车辆的各级保养任务,并应具有相应的配件加工、修制能力和修车材料及燃料的储存、发放等。保养场的选址应考虑以下要求:

(1)大城市的保养场宜建在城市的每一个分区线网的重心处,中、小城市的保养场宜建在城市边缘。

(2)保养场应距所属各条线路和该分区的各停车场均较近。

(3)保养场应避免建在交通复杂的闹市区、居住小区和主干道旁。宜选择在交通流较小、且有两条以上比较宽敞、进出方便的次干道附近。

公交修理厂的主要功能是为公交车辆大修服务。中小城市的修理厂宜与保养场合建。修理厂宜建在距离城市各分区位置适中、交通方便、交通流较小的主干道旁,周围有一定发展余地和方便的给排水、电力等市政设施的市区边缘。

综上所述,由于公交停保场的主要功能是停放和保养,因此停保场应尽可能靠近所服务线路的首末站(枢纽站),以减少公交车辆因停放、保养等目的往返于停保场与首末站(枢纽站)之间的"空驶距离"[为保证停保场能够为公交车辆提供高效服务,停保场的选址一般与该车场服务的各首末站(枢纽站)间的距离不超过5km];在用地许可的情况下可选址与首末站联合设置;尽量在核心城区外围干道设置。

7.2.2 用地规模控制

1)国家与行业标准

《城市综合交通体系规划标准》(GB/T 51328—2018)规定:城市公共汽电车场站总用地面

积应根据城市公共汽电车车辆发展的规模和要求确定,场站用地总面积按照每标台150～200m²控制。

《城市道路公共交通站、场、厂工程设计规范》(CJJ/T 15—2011)对公交首末站、停车场和保养场的用地规模进行了规定:

(1)每辆标准车首末站用地面积应按100～120m²计算,其中回车道、行车道和候车亭用地按每辆标准车20m²计算。

(2)停车场用地面积按每辆标准车150m²计算,在用地特别紧张的大城市,停车场用地面积不应小于每辆标准车120m²。

(3)保养场用地应按所承担的保养车辆数计算,修理厂宜按250m²/标准车进行设计。

(4)首末站、停车场、保养场的综合用地面积不应小于每辆标准车200m²。

首末站的规模应按线路所配运营的车辆总数确定,线路所配运营车辆的总数宜考虑线路的发展需求,每辆标准车首末站用地面积应按100～120m²设置,首末站用地不宜小于1000m²。当首站不用作夜间停车时,用地面积应按该线路全部运营车辆的60%计算;当首站用作夜间停车时,用地面积应按该线路全部运营车辆计算。末站用地面积应按线路全部运营车辆的20%计算。

2)国内主要城市建设规划标准

(1)北京:保养场和停车场承担90%运营车辆的夜间停放,保养场按每标准车35～45m²、停车场85～95m²计算,其中保养场停车用地10%,停车场停车用地75%～80%。

(2)深圳:首末站80～120m²/标准车,停车保养场70～110m²/标准车。

(3)成都:首末站75～85m²/标准车,并承担30%的公交车夜间停放,停车场60～65m²/标准车。

(4)南京:首末站90～110m²/标准车,并承担20%～30%的公交车夜间停放,停车保养场140～160m²/标准车。

在襄阳市城市公交规划中,综合考虑场站设计规范及其他城市的建设经验,从节约用地的角度出发,按表7-3确定公交枢纽与场站建设标准。

襄阳市公交场站用地标准　　　　　　表7-3

类别		选址原则	单个场站范围、面积		
			服务线路条数	用地标准	规模面积(m²)
首末站	与枢纽站结合	重大对外交通枢纽、片区或组团间交通枢纽、大型商业中心、体育馆等城市活动中心	8～16条线路/站	500m²/线	4000～8000
	一般首末站	人口集中的居住区、就业岗位集中的商业办公室、工业区;并考虑公交服务盲区和偏远片区的设置	1～4条线路/站	800～1000m²/线	1000～4000
停保场		采用集中布设方式,布设在所服务首末站的重心处,如用地困难可适当迁移安排至用地相对宽松的区域	150～200辆/车场	150～200m²/车	20000～40000

结合现有的城市用地情况,不可能所有的公交线路都规划有停车用地的首末站。在现实情况中,根据现有公交首末站服务的公交线路,同时考虑覆盖率要求,尽量在线路首末站点重

复多的地点规划有停车用地的首末站,以满足车辆停车、回车需求。对于有用地的公交首末站,公交车辆需要进站停车,减少对道路交通的影响。对于服务公交线路较少或周边用地紧张的首末站,暂时不规划停车用地,延用路边停车的形式进行回车。关于公交线路调度问题,对于现状已有的调度点予以保留;对于现状没有调度点的情况,规划考虑采用单边调度的形式,即公交车辆在运营线路另一端有用地保障的首末站进行调度。

规划基年调查发现襄阳市的公交首末站几乎都没有用地保障,为避免一次性规划用地面积过大而难以获得批准,在规划中适当降低了首末站的用地标准,而按照首末站所服务的公交线路条数来确定相应的规模。一般而言,一个首末站安排1~4条公交线路,1条线路场地面积需 800~1000m²,一个首末站面积一般在 1000~4000m²(可按照实际服务线路的数量适当调整规模)。

同时考虑襄阳市城市公交停保场的发展情况,不单独建设保养场和修理厂,将其与停车场结合,每个片区建设至少一个大型停保场,满足停车需求的同时兼具高级保养和修理的功能,每辆标准车停车面积按200m²计算。其他停保场具有低保功能,适当降低用地标准,按150m²计算。

7.2.3 公交场站发展模式

不同类型或不同区域的公交场站在城市交通中发挥的作用和产生的影响是不同的。针对这些场站的不同情况,选择相应的建设模式对场站的正常运营与可持续发展有着非常重要的意义。

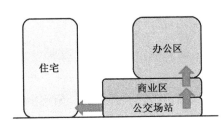

图 7-1 场站综合开发模式

1)与综合交通枢纽结合的首末站

该类首末站作为城市主要公交枢纽,一般集合了三种或三种以上的交通方式,地处城市中心区外围,人口密度和土地开发强度较中心区小,人流具有较强的时段性特点,宜采用"U(城市公共交通)+T(对外交通)+C(商业、休闲娱乐、餐饮、信息服务)"或者"U+C"的综合开发模式,如图 7-1 所示。

综合开发带来的社会效益和经济效益,使得利用社会资金建设公交枢纽站成为可能,将有效改变公交场站建设资金短缺的现状,促进公交事业的发展。公交枢纽站多业态综合开发模式的效益分析如图7-2所示。

2)与公交换乘枢纽结合的首末站

该类首末站多位于城市多条公交线路衔接处,承担大量人流的集散作用,往往地处人口密度高、土地开发强度大的中心城区。在建设中可结合场站周边环境、客流量和交通组织方式,灵活选择"U+C+G(绿地)""U+C+R(居住)""U+C"等模式。应加强和周边公共设施的联系,形成具备一定规模的立体商业体系、购物中心等,提倡多功能化。政府可提供相应的倾斜扶持政策,给予枢纽站部分地域特许经营权,利用场站所处地理位置和交通便利带来的潜在商机,强调土地混合开发来扩大场站经营的综合收益,平衡公益性和盈利性之间的矛盾。

3)一般公交首末站

普通公交首末站由于其功能相对单一,主要服务城市居民出行,建议采用"U+C"模式,在一些特定的区域采用"U+C+R"模式。将首末站的建设和居住区结合起来,由开发商出地和建设资金,按照规范建设,公交公司负责公交线路的布置和运营,对场站享有无偿使用权,土地所有权依然归属开发商。这种模式通过加强居住区的交通可达性,从而增加开发商土地潜在价值,是一种比较理想的双赢模式。

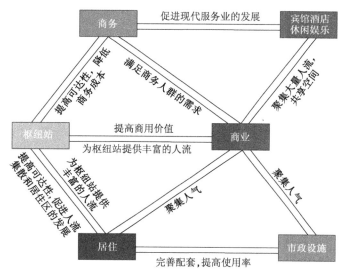

图 7-2　公交枢纽站综合开发模式效益分析

7.3　公交中途停靠站布局优化

7.3.1　布局原则

公交车辆中途停靠站的布局优化是在公交车辆的起、终点及线路走向确定以后进行。《城市道路公共交通站、场、厂工程设计规范》(CJJ/T 15—2011)对公交中途停靠站的设置进行了以下规定:

(1)中途停靠站应设置在公共交通线路沿途所经过的客流集散点处,并宜与人行过街设施、其他交通方式衔接。

(2)中途停靠站应沿街布置,站址宜选在能按要求完成运营车辆安全停靠、便捷通行、方便乘客乘车三项主要功能的地方。

(3)在道路交叉口上设置的中途停靠站,换乘距离不宜大于150m,并不得大于200m。

(4)中途站点的站距受到乘客出行需求、公交车辆的运营管理、道路系统、交叉口间距和安全等多种因素的影响,应合理选择。平均站距在500～600m之间,市中心区站距宜选择下限值,城市边缘地区和郊区的站距宜选择上限值。百万人口以上的特大城市,站距可大于上限值。

公交车辆中途停靠站的站距受交叉口间距和沿线客流集散点分布的影响,在整条线路上是不等的。市中心区客流密集、乘客乘距短,上下站频繁,站距宜小;城市边缘区,站距可大些;郊区线,乘客乘距长,站距可更大。设置公共交通停靠站的原则是方便乘客乘车,并节省乘客的总出行时间。

7.3.2 布局优化方法

公交中途停靠站的布设主要考虑其对乘客总出行时间的影响,并与车辆性能和运营要求有关。进行公交站点站间距优化应考虑站间距对公交需求的影响和各种客运交通方式之间的协调。从长期的影响来看,站间距的增大会使乘客短途出行量减少,吸引长距离的乘行。下面以常规公交线路为例,研究在一条线路上,使所有乘客出行时间最小的站间距 D_S 的求解问题。

1) 最优站距目标函数

进行公交中途站点最优站距的规划是以最小化线路上乘客总出行时间 T_A 为目标,模型可表达为:

$$\min T_A = \sum_P T \tag{7-1}$$

式中:T_A——线路上所有乘客的总出行时间,min;
  T——单个乘客的总出行时间,min;
  P——线路上所有乘客的集合。

如考虑与站距有关的主要出行时间,则有:

$$T = T_1 + T_2 + T_R + T_S \tag{7-2}$$

式中:T_1——由出行起点到上车站的步行时间,min;
  T_2——由下车站到出行终点的步行时间,min;
  T_R——出行途中公交车的行驶时间,min;
  T_S——出行途中公交车在车站的停站时间,min。

2) 模型约束变量分析

(1) 公交车的行驶时间

公交车行驶时间可由下式表达:

$$T_R = K\left(T_P + T_{IN} + \frac{D_S + L_A + L_D}{V_N}\right) \tag{7-3}$$

式中:K——公交车途中经过的车站数;
  T_P——乘客上、下车完成后,公交车司机的操作反应时间及车辆启动时间,s;
  T_{IN}——车辆进出站受干扰的延误时间,s,与道路交通状况、车站类型和使用车站的路线数量有关;
  D_S——公交路线的站间距,m;
  L_A——车辆加速达到正常速度所需行驶的距离,m;
  L_D——车辆由正常速度减速至静止所需行驶的距离,m;
  V_N——公交车的正常行驶速度,m/s。

(2) 公交车的停站时间

公交车的停车时间 T_S 受车辆上、下乘客数和乘客上、下车时间的影响较大,计算公式可表达为:

$$T_S = \sum T^U + \sum T^D = \overline{T^U} \cdot \sum_{i=n}^m P_i^U + \overline{T^D} \cdot \sum_{i=n}^m P_i^D \tag{7-4}$$

式中:T^U、T^D——一个乘客的上、下车时间,min;
  P_i^U、P_i^D——站点 i 的上、下车乘客数,人;

$n 、m$——乘客出行的起点、终点站,$m>n$;

$\overline{T^U}$、$\overline{T^D}$——乘客上、下车的平均时间,min,与站台的高低、车门大小、售票方式等有关,取值参见表 7-4 和表 7-5。

典型的上/下车时间　　　　　　　　　　　　　　　　　　　　　　　　　表 7-4

上/下车	站 台 条 件	售 票 条 件	上车时间(每通道乘客,min)
上车	高站台	站台入口处售票	1.0
		站台出口处售票	2.0
	低站台	单个硬币或代用券	3.0
		多硬币	4.0*
		预付车费,上车时检票	4.0~6.0
		上车买票	6.0~8.0*
下车	高站台	车门处不检票	1.0
		车门处检票	1.7
	低站台	检票或办理转车手续	2.5~4.0

注:*每通道宽 55~60cm,假设每通道平等地利用。

车门上/下车时间统计值　　　　　　　　　　　　　　　　　　　　　　　表 7-5

车门数(上/下车)	每乘客上/下车时间(min)
一个车门	1.5
二个车门	0.9
三个车门	0.7

(3)乘客到/离站时间

设乘客按出行时间最小选取上、下车站,如图 7-3 所示。

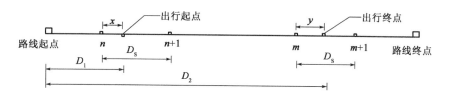

图 7-3　乘客的上、下车站示意图

$n、n+1$-与乘客出行起点相邻的连续两公交站点序列;$m、m+1$-与乘客出行终点相邻的连续两公交站点序列,$m>n+1$

则乘客到、离公交站点的最短出行时间为:

$$T_1 = \min\left(\frac{D_S - x}{V_M}, \frac{x}{V_M} + T_P + T_{IN} + \frac{D_S + L_A + L_D}{V_N}\right) \quad (7-5)$$

$$T_2 = \min\left(\frac{y}{V_M}, \frac{D_S - y}{V_M} + T_P + T_{IN} + \frac{D_S + L_A + L_D}{V_N}\right) \quad (7-6)$$

式中:T_1、T_2——乘客到、离公交站点的最短出行时间,s;

x——乘客出行起点到站点 n 的距离,m;

y——乘客出行起点到站点 m 的距离,m;

V_M——乘客的步行速度，m/s。

(4) 总时间计算

总时间为乘客到、离公交站点时间与公交车行驶时间之和，可表达为：

$$T = \min\left(\frac{D_S - x}{V_M}, \frac{x}{V_M} + T_P + T_{IN} + \frac{D_S + L_A + L_D}{V_N}\right) + (m - n - 1)\left(T_P + T_{IN} + \frac{D_S + L_A + L_D}{V_N}\right) +$$

$$\min\left(\frac{y}{V_M}, \frac{D_S - y}{V_M} + T_P + T_{IN} + \frac{D_S + L_A + L_D}{V_N}\right) \tag{7-7}$$

(5) 决策变量 D_S 的约束条件

实际计算中，公交站点间距 D_S 有上下限的约束：

$$D_{S\min} \leq D_S \leq D_{S\max} \tag{7-8}$$

其中，考虑乘客到公交车站的最大容忍步行距离，令：

$$D_{S\max} = 2R_S \tag{7-9}$$

式中：R_S——公交中途站点的服务半径，m。

另外，站距不应小于车辆加速达到正常运营速度再减速停止所需的最小行驶距离，如假定加速度与减速度相同，则 $D_{S\min}$ 可表达为：

$$D_{S\min} = V_N\left(\frac{V_N}{a} + T_P + T_{IN}\right) \tag{7-10}$$

式中：a——加速度，m/s²，假设车辆尽快地加速驶出车站，同时考虑站立乘客的安全与舒适的要求，通常有 $a \leq 1.52\text{m/s}^2$。

7.3.3 停靠站类型与优化策略

根据公交站台形式的差异，可以将公交停靠站分为直线式停靠站和港湾式停靠站。

图 7-4 直线式停靠站

1) 直线式公交停靠站

如图 7-4 所示，直线式停靠站是我国最普遍的一种站台设置方式，一般布设在人行道、机非分隔带、中央分隔带等。

直线式停靠站的站台不需要公交车辆驶离当前道路，在原行驶车道上可直接进站停靠，但车辆在停靠过程或者停靠乘客上下车的过程中，会阻碍道路上其他车辆的行驶，从而降低道路通行能力。当道路机动车道不多（单向1、2车道），以及本条车道或相邻车道的机动车流量很大，或接近于饱和时，公交车辆停靠对道路上车辆运行的影响尤为显著，很容易造成交通拥挤。

2) 港湾式公交停靠站

如图 7-5 所示，港湾式公交停靠站将公交停靠站附近的道路向外侧局部拓宽（一般为 3m），在正常的交通流运行道路外布设公交停靠的位置，使得公交车辆在停靠公交站时尽量减少占用车道。

港湾式停靠站的设置主要考虑减小由于公交停靠而对道路通行能力产生的影响。理论上来说，对道路上正常行驶的机动车产生较小的交通折减，但是从实际运营效果上来看，公交车驶出港湾站时与直行车流进行合流时会产生一定的延误，同时在车流量密集的路段，公交车驶出港湾站时也面临着无法及时合流的问题,新加坡为了解决这一问题,在港湾站设置了标志标线(图7-6)并设立了相关法规,所有私家车必须为驶出港湾站的公交车让路,方便公交快速合流,也是保证公交优先的重要举措之一。港湾式停靠站对道路空间要求较高,也不可避免将会占用非机动车和行人的道路资源。

图 7-5 港湾式公交停靠站

图 7-6 新加坡港湾式公交停靠站

综上所述,两种形式的公交站设置各有利弊,作为公共交通系统重要的组成部分之一,进行合理的公交停靠站类型设置有助于减少公交停靠延误,缓解对道路通行能力的影响。停靠站形式的确定应主要考虑道路车道数、路段交通量、建设成本、公交站距离交叉路口距离等因素的影响。

3) 停靠站形式优化策略

公交站台形式主要表现为普通站点对道路交通的干扰,或者站点停靠能力不能满足公交站点停靠的需求。对于主次干路上的公交站点,建议尽可能地将普通站点改造为港湾式停靠站。对于停靠能力不足的站点,主要处理方法有:增加普通式站点停靠泊位;改造为港湾式站点,增加泊位;改造为深港湾式停靠站。图7-7为站台形式优化策略示意图。

4) 接驳换乘优化

站点的设置应尽可能方便不同线路乘客的换乘。对于下面的情况应予以优化设计,如图7-8所示。

(1) 同一站点对中两站点之间距离过远,乘客换乘不便:应根据具体情况,调整公交站点对至相对较近的位置。

(2) 站点位于过街人行横道上游,易遮挡上游来车视线,给过街行人带来安全隐患:宜调整公交站台至过街人行横道下游。

(3) 站点对间的过街人行横道距离交叉口人行横道较近,干扰道路交通:宜取消站点对间人行横道,利用交叉口人行横道换乘。

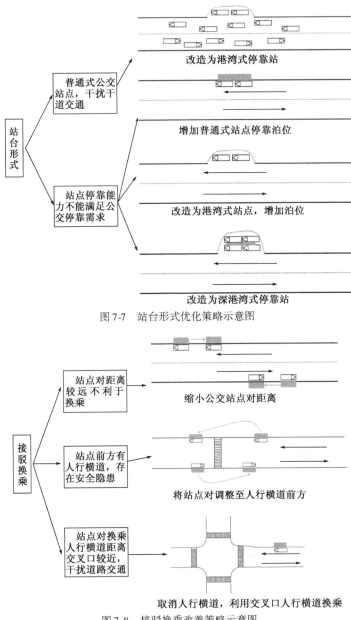

图 7-7　站台形式优化策略示意图

图 7-8　接驳换乘改善策略示意图

复习思考题

简述各类公交车站的功能及布局规划中应考虑的因素,并结合城市公交线网规划设计目标分析,以某个你所熟悉的公交枢纽站为例,说明公交车站规划设计的基本内容和方法。

第8章
城市公共交通运营组织与管理

本章主要介绍公交客流的基本特征与分析预测方法、公交线路运营组织方式、公交线路发车频率与时刻表编制方法、公交服务的衔接性评价方法以及公交运营管理的智能化与信息化发展等基本内容。

8.1 公交客流特征分析与预测

对公交客流的分析是公交运营组织和调度优化的基础。在提前预知、掌握客流变化规律的情况下,企业才能做到科学地制定运营计划,合理地调配使用人、车资源,达到既满足人们出行的需求,又创造较高运营效益的目标。

在制定公交运营计划中,运营调度管理者最为关心的两个问题是:在未来一段时期内,例如在未来一周内公交客流总量及变化情况,这是指导运营调度管理者安排每日总运力的依据;每条线路客流的时间分布规律、断面分布规律以及不同线路之间换乘客流的分布规律,例如线路客流的高峰、平峰以及低峰时段分布,线路的最大客流断面及客流断面不均衡系数、方向不均衡系数、时间不均衡系数等反映客流随时间、地点和方向变化规律的客流特性指标情况,不同线路在换乘站换乘的客流量大小、流向等,这是合理安排线路每日各时段运力、发车间隔、运行时刻表以及考虑换乘衔接的依据。这两个问题是公交客流预测所要回答的基本问题。

公交客流特征和变化规律需要从历史客流数据中获得。公交客流形成的本质是居民选择公交出行,并在某些特定的时间和特定的地点(公交站点)进入公交系统,伴随着公交车流而形成的公交乘客的时空分布,一般而言,客流包含时间、地点、方向和流量四个要素。

个体的出行选择包括出行的时间、出行所选择的交通方式和路径。乘客如何进入公交系统,线路和路径的选择等都带有较大的不确定性,但是当大量的不同个体累积形成一定数量的乘客群体,则表现出特定的公交客流规律。

下面利用常州市公交客流报表数据和IC卡统计数据讨论公交系统总客流、单条线路客流和重要站点客流呈现出来的一般统计规律,基于公交客流的一些基本特点和变化规律,简要介绍两种公交线路客流量预测方法。

8.1.1 公交客流特征和变化规律

1) 公交客流的时变特征

(1) 季节性变化

对常州市2008—2014年客流数据按月进行统计,绘制客流变化曲线图(图8-1)可以看出,逐月总客流量的变化都保持一定的规律,每年春节所在的2月(除2012年春节是1月23日外)总客流量最小,3月的总客流量激增为当年的最大或次最大值,然后呈下降趋势,直至每年8月份达到谷底,之后出现客流回升,并于当年12月和次年1月达到另一个峰值。总体来看,一年内逐月客流呈现春季多,夏季少,秋冬两季较为平均的特点。

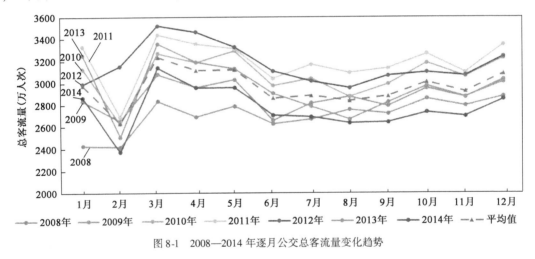

图8-1 2008—2014年逐月公交总客流量变化趋势

(2) 周日间变化

由于受到生产、生活、休假等活动安排的影响,在一个星期的7天中,每天的客流量是不等的。选取常州2015年3月16日至3月22日的一周公交客流数据进行统计分析,如图8-2所示,可以看出一周内公交客流量表现为先降后升的特点。星期一、五、六、日的客流量较高。刷卡客流量在星期五达到最大值,而投币客流量的最大值出现在周末。这与通勤乘客持卡乘车比重高、周末生活娱乐性出行目的的乘客较多的特点是一致的。

对单条线路而言,有的线路波动性很大,呈锯齿状,此类线路多为小客流线路;有的线路是近似平直线,每天的波动性较小;有的线路与公交系统保持一致,呈现先降后升的特点;有的线路表现为工作日客流量大,周末客流量小的"先升后降"的特点,还有的小客流量线路会在某日出现客流激增的情况。如图8-3所示,为常州市7路、40路、202路、205路四条公交线路的一周 7 天逐日统计客流量变化情况。总的来看,线路之间的差异很大,但是"先降后升"式的公交线路占大多数,尤其是大客流公交线路。

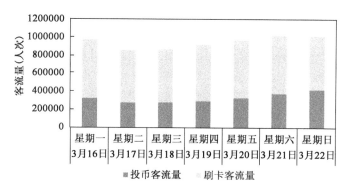

图 8-2　2015 年 3 月 16 日—3 月 22 日一周逐日客流量变化趋势

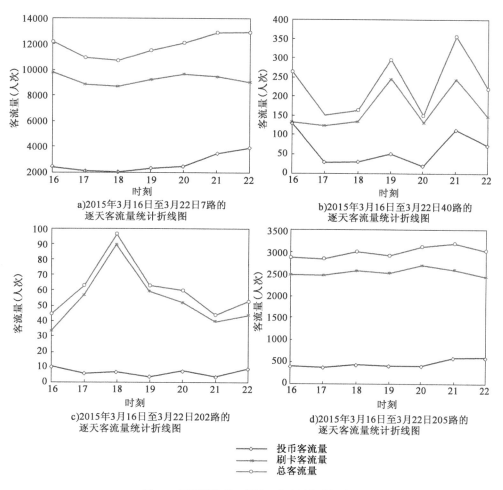

图 8-3　不同线路的一周每日客流量统计折线图

(3) 一日内不同时段的变化规律

选取常州市 2015 年 3 月 16 日—3 月 22 日的数据进行统计分析,其中 3 月 16 日—3 月 20

日为工作日,21日与22日为周末。以10min为统计时段,对IC卡数据进行刷卡量统计。

①工作日。从工作日内的公交系统刷卡客流量统计结果(图8-4)可以发现,一日客流呈现早晚高峰时间段分别成峰的一条双峰曲线,且早高峰时段的客流较为集中,晚高峰时段的客流则趋于分散。早晨06:00开始,客流急速上升,至07:30—08:30间达到早高峰,上午的其他时间,客流呈逐渐回落趋势,中午的一段时间(11:00—12:00)客流会有轻微的上升趋势,到15:00之后,客流逐渐增加至晚高峰时段,并于17:30左右达到客流高峰值,随后客流迅速回落,在19:00下降速度减缓,保持一段时间后,21:00左右客流逐渐降低为零值附近。

②周末。3月21日(星期六)和3月22日(星期日)的刷卡客流量也呈现出双峰曲线特征,但与工作日不同的是,白天的非高峰时段的刷卡客流量也维持在较高水平,如图8-5所示。

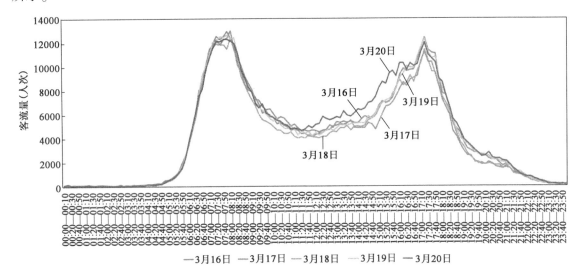

图8-4 工作日公交系统客流分时段刷卡数据统计(2015年3月16日—3月20日)

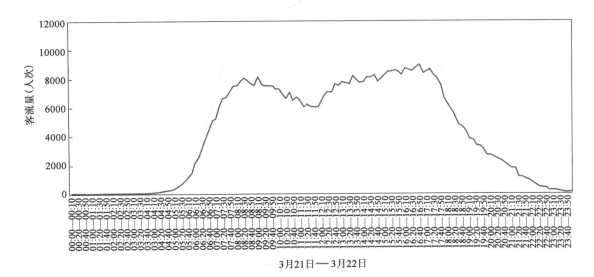

图8-5 周末公交系统客流分时段刷卡数据统计(2015年3月21日和3月22日)

2）公交线路客流的方向不均衡性

将公交线路的上行和下行区分来看公交线路的客流分布特点,可以发现,大多数的线路工作日期间呈现双峰特性,且两个方向上的早晚高峰近似一致,如图 8-6 所示。部分线路却在单方向上呈现出单峰的特点,以 38 路为例,其上行方向有早高峰,而没有晚高峰,下行方向恰好相反,仅有晚高峰而早高峰时的客流量相对较小,峰值不明显,如图 8-7 所示。

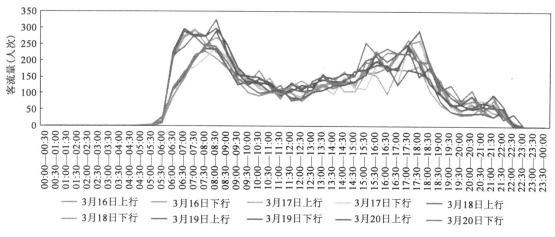

图 8-6　6 路分时段(30min)分方向刷卡客流统计(工作日,2015 年 3 月 16 日—3 月 20 日)

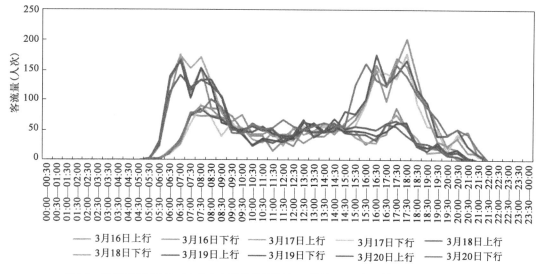

图 8-7　38 路分时段(30min)分方向刷卡客流统计(工作日,2015 年 3 月 16 日—3 月 20 日)

部分公交线路在星期六依然保持双峰特性,而在星期日则普遍表现出锯齿状波动。大多数的公交线路周末客流与公交系统客流规律相一致,保持全天无峰的特点,如图 8-8 所示。

3）公交客流的站点分布特征

运用 Excel 将常州市各公交站点上车客流进行统计,绘制站点上车客流热力图(图 8-9)。工作日与周末的客流集散点分布比较相似,都集中在主城区和武进区,分散在主城周边的集散点有戚墅堰、新桥、薛家、奔牛、邹区等地。

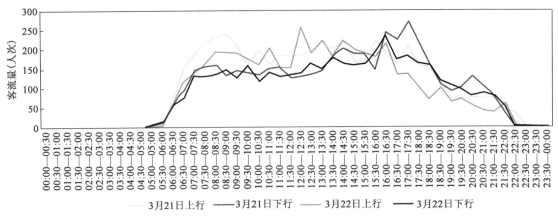

图 8-8　6 路分时段(30min)分方向刷卡客流统计(周末,2015 年 3 月 21 日、3 月 22 日)

图 8-9　站点上车客流热力图

选取上车客流量最大的文化宫站(BRT 站点)进行分析,工作日早高峰时,文化宫站的上车客流并没有集中分布,而晚高峰时达到客流峰值,如图 8-10 所示。周末期间,一天内没有明显的高峰,但全天客流最大值不超过 100 人次/10min,略低于工作日的高峰客流,如图 8-11 所示。上午客流最大值点出现在 09:00 左右,与工作日的 08:00 左右相差 1 小时。对比两个方向的 BRT 站点,虽然在客流量上具有一定差距,但是从曲线的变化趋势来看,工作日和周末的客流分布具有相似性。

以上根据常州市客流报表数据和 IC 卡数据,分析了不同时间和空间角度的公交客流特征与变化规律。总的来看,公交线路客流变化具有复杂性和随机性的特点。公交线路客流的变化同许多因素相关,例如天气的变化、节假日的安排、驾乘人员的服务水平、竞争线路的运营等。多因素作用造成了公交线路客流变化的复杂性,其中一些随机性较强的因素(例如天气)造成了客流变化的随机性。除去复杂性和随机性,公交线路客流变化的另一重要特性是周期性。掌握城市公交客流变化的特点和规律,是公交线路客流预测的基础。

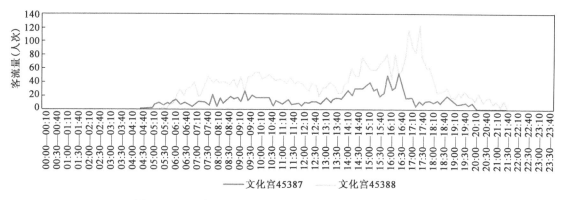

图 8-10　2015 年 3 月 16 日文化宫站的上车客流时间分布折线图

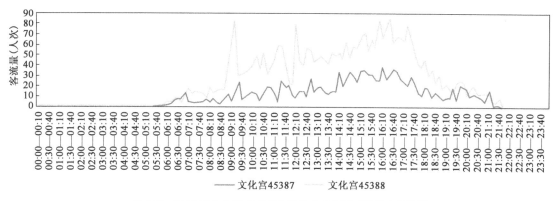

图 8-11　2015 年 3 月 22 日文化宫站的上车客流时间分布折线图

8.1.2　公交线路客流量预测方法

公交线路客流量预测是公交运营调度优化的基础。准确地做出公交线路客流预测可以有效地指导运营调度方案制定,提高公交系统的运营效率。根据对公交客流特征与变化规律的分析,目前比较常用的公交线路客流量预测方法是时间序列分析方法和模糊神经网络分析方法。

1) 时间序列分析方法

(1) 时间序列理论概述

在客观世界与工程实际中,经常观察到各种系统随着时间相互变化又相互关联的一串数据,这一串数据一般称为时间序列。论述这种数据的统计方法叫作时间序列分析。时间序列分析是一种重要的现代统计分析方法,广泛地应用于自然领域、社会领域、科学研究和人类思维。这些时间序列信息,具体表现为时间序列中观察值之间的统计相关性。因而,人们可以通过研究时间序列中数值上的统计相关性,来揭示相应系统的动态结构特征及其发展变化规律。

一般认为时间序列由四个成分构成,即长期趋势或趋势变化、季节变动或季节性变化、循环变动或循环变化、不规则变动或随机变化。长期趋势就是时间序列依时间变化而逐渐增加或减少的变化趋势。这种变化反映为一种趋势曲线,确定趋势曲线的典型方法为加权平均方法和最小二乘法。季节变动指的是一年或固定一段时间内,呈现固定的规则变动。它反映的是每年(或固定时间段内)都重复出现的规律。换句话说,季节变动是指相同或近似相同的模式,在连续几年的有关月份期间重复出现。循环变动主要指趋势曲线在长期时间内呈现摆动的现象。不规则变动所关心的是变量变动的不可预测性,它反映的是由于随机或偶然事件引起的间断点处的变化。在时间序列中将长期趋势、季节变动以及循环变动等成分分离后,所剩下的随机状况的部分即为不规则变动。

一般而言,长期趋势、季节变动以及循环变动都受到规则性因素的影响,可以利用一般的分析方法进行分析、处理和预测,而不规则变动属于随机性的,具有不可预见性,其发生的原因很多,可能为自然灾害、人为的意外因素、天气突变以及政治形势的巨大变化等。

(2)常用时间序列模型及参数标定

时间序列模型分为两大类型:平稳和非平稳的模型。因为面向运营管理的公交线路客流预测周期一般较短,故常选用平稳模型对线路客流进行预测。以下为平稳模型的相关概念。

任一随机时间序列 $y_1, y_2, y_3, \cdots, y_T$ 都可以被认为由一组联合分布随机变量生成:即一组数据 $y_1, y_2, y_3, \cdots, y_T$ 代表一个联合概率分布函数 $p(y_1, y_2, y_3, \cdots, y_T)$ 的某一特定结果。类似地,一个未来的观测 y_{T+1} 可以被认为由条件概率分布函数 $p(y_{T+1}|y_1, y_2, y_3, \cdots, y_T)$ 生成。定义平稳过程为其联合分布和条件分布均不随时间而变化的过程。

如果序列 y_T 是平稳的,则对任意的 t、k 和 m 都有:

$$p(y_T, \cdots, y_{T+k}) = p(y_{T+m}, \cdots, y_{T+k+m}) \tag{8-1}$$

且

$$p(y_T) = p(y_{T+m}) \tag{8-2}$$

平稳序列 y_T 的期望、方差和协方差都是稳定的。

检验序列是否为平稳序列主要通过序列的自相关系数来实现。自相关系数部分地刻画随机过程,它描述序列 y_T 的邻近数据点之间存在多大程度的相关,定义滞后期为 k 的自相关系数为:

$$\rho_k = \frac{E[(y_t - \mu_y)(y_{t+k} - \mu_y)]}{\sqrt{E[(y_t - \mu_y)^2] E[(y_{t+k} - \mu_y)^2]}} = \frac{\text{Cov}(y_t, y_{t+k})}{\sigma_{yt} \cdot \sigma_{yt+k}} \tag{8-3}$$

对于平稳过程,分母中的第 t 期的方差等于第 $t+k$ 期的方差,因此分母就是随机过程的方差。

$$\rho_k = \frac{E[(y_t - \mu_y)(y_{t+k} - \mu_y)]}{\sigma_y^2} \tag{8-4}$$

分子是 y_T 和 y_{T+k} 的协方差 γ_k,所以:

$$\rho_k = \frac{\gamma_k}{\gamma_0} \tag{8-5}$$

以上给出的是理论上的平稳序列自相关函数。在实际应用中,是通过样本进行估算的。所以实用的样本自相关系数为:

$$\hat{\rho}_k = \frac{\sum_{t=1}^{T-k}(y_t - \bar{y})(y_{t+k} - \bar{y})}{\sum_{t=1}^{T}(y_t - \bar{y})^2} \tag{8-6}$$

平稳序列的自相关系数随着 k 值的增加,迅速地减少为 0。一般通过观察序列的自相关系数曲线便可以确定序列是否为平稳过程。

平稳时间序列模型主要有 3 种:自回归模型(AR)、移动平均模型(MA)和混合自回归—移动平均模型(ARMA),具体模型可查阅相关书籍。ARMA 模型更适合描述复杂的线路客流变化序列。采用 ARMA 对南京市 6 条公交线路 120 天的数据进行分析,计算其自相关系数,结果如图 8-12 所示。

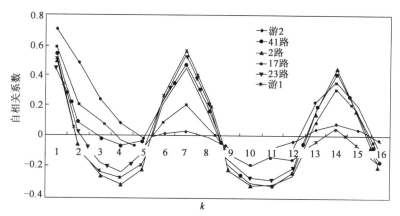

图 8-12 南京市 6 条公交线路客流量序列自相关系数

通过图 8-12 可以看出,公交线路客流量序列的自相关系数随着 k 的增加,逐渐下降,而且在 0 周围上下摆动,观察到曲线的峰值位于 $k=7,14$ 处。由此可以判断 ARMA 的移动平均过程是一个以 7 为周期的过程,取 $q=7$。其含义是表明当前公交线路客流量同前 7 天的随机干扰项相关。

公交线路客流时间序列预测模型不失为一种简单、方便的预测方法,可以揭示短期客流变化趋势。

2)模糊神经网络分析方法

(1)模糊神经网络理论概述

神经网络是采用物理可实现的系统来模仿人脑神经细胞的结构和功能的系统。神经网络模型中有代表性的网络模型有感知器、多层映射 BP(Back Propagation,反向传播)网络、双向联想记忆模型(BAM)、Hopfield 模型等。利用这些网络模型可以实现函数逼近、数据聚类、模式分类、优化计算等功能。模糊数学是用来描述、研究、处理事物所具有的模糊特征的数学,模糊逻辑系统是模糊数学在自动控制、信息处理、系统工程等领域的应用,属于系统论的范畴,而神经网络是人工智能的一个分支,属于计算机科学。对模糊系统和神经网络进行研究,发现它们有以下异同点:

①模糊逻辑系统试图描述和处理人的语言和思维中存在的模糊性概念,从而模仿人的智能。神经网络则是根据人脑的生理结构和信息处理过程,来创造人工神经网络,其目的也是模仿人的智能。模仿人的智能这是它们共同的奋斗目标和合作的基础。

②从知识的表达方式来看,模糊逻辑系统可以表达人的经验型知识,便于理解,而神经网络智能描述大量数据之间的复杂函数关系,难于理解。

③从知识的存储方式来看,模糊逻辑系统将知识存在规则集中,神经网络将知识存在权系数中,都有分布存储的特点。

④从知识的运用方式来看,模糊逻辑系统和神经网络都具有并行处理的特点,模糊系统同时激活的规则不多,计算量小,而神经网络涉及的神经元多,计算量大。

⑤从知识的获取方式来看,模糊逻辑系统的规则靠专家提供或设计,难于自动获取,而神经网络的权系数可由输入输出样本中学习。

神经网络与模糊逻辑系统相结合的产物就是模糊神经网络。模糊神经网络同时具有神经网络和模糊逻辑的长处,使其成为一种既具有学习、联系、自适应性能力,又能进行模糊思维的新型结构。

(2)基于模糊神经网络的客流量预测模型

下面以应用模糊神经网络预测公交线路全日客流量为例。取时刻单位为日,周期单位为周。预测下一未知时刻的客流,需要考察当前时刻客流量值、当前时刻与其历史数据相比较的变化趋势、当前时刻与前一时刻历史数据相比较的变化趋势以及当前时刻与下一时刻历史数据相比较的变化趋势。以上考虑,表现为模糊推理系统输入变量形式如下。

①当前时刻 t 全日线路客流:

$$x_1 = s(t) \tag{8-7}$$

②时刻 t 线路客流与历史数据平均值之差:

$$x_2 = s(t) - \frac{1}{3}[s(t-7) + s(t-14) + s(t-21)] \tag{8-8}$$

③历史数据中时刻 t 与时刻 t-1 平均值之差:

$$x_3 = \frac{1}{3}[s(t-7) + s(t-14) + s(t-21)] - \frac{1}{3}[s(t-8) + s(t-15) + s(t-22)] \tag{8-9}$$

④历史数据中 $t+1$ 时刻与 t 时刻平均值之差:

$$x_4 = \frac{1}{3}[s(t-6) + s(t-13) + s(t-20)] - \frac{1}{3}[s(t-7) + s(t-14) + s(t-21)] \tag{8-10}$$

采用上述输入变量,将一些影响线路客流量变化,而且难以把握的因素例如天气、节假日等融入到系统输入之中。输入变量经过隶属函数的处理,生成规则判断所需的语言变量。隶属函数的设计影响到预测的精度,总的设计原则是:输入与输出线性关系越强,隶属函数个数越少;非线性度越大,则应多取一些隶属函数。然后即可以运用该模型来预测未来的线路客流量。基于模糊神经网络理论的线路客流预测模型的运行流程图如图8-13所示。结合运营调度的需要,一般运用该模型预测当前时刻下一周的线路客流量。为简便起见,预测的过程中将预测得到的下一时刻数据作为已知当前数据,滚动向前预测。

图8-14是运用模糊神经网络预测模型,预测得到的南京市某条线路1周的客流量。模糊神经网络预测模型的预测结果同实际拟和得较好,其平均误差为7.47%,远低于时间序列预测模型的误差。基于模糊神经网络理论的线路客流预测模型是一种较好的智能化预测模型,其预测精度相对较高,适应性较强。

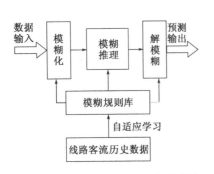
图8-13 线路客流预测模型运行流程图

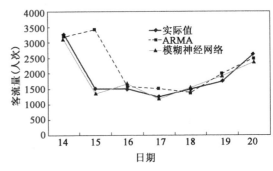
图8-14 基于模糊神经网络的线路客流量预测模型算例

8.2 公交运营组织方式

8.2.1 常规公交线路运营组织

常规公交线路的运营组织需要根据客流的实际需求和运营道路条件,设置线路内车辆的运行模式,使得在满足乘客出行需求的同时,尽可能提高系统的运营效率。下面简要介绍公交客流走廊不同客流分布状态下的车辆运行组织形式,包括区间线、大站快线、直达线、编组运营等。

1) 区间线

公交线路的运营计划是按照线路客流最高断面客流设计的,当全线路各断面客流分布比较均匀时,采用全线运营组织模式,调度简单,且效率较高。但当公交客流走廊上出现以下情况时,就需要通过区间线运营来提高运营效率:一是当公交走廊上的客流分布不均、存在明显的高客流段(或低客流段)时,需要开设区间线来均衡运力分布;二是当公交走廊的部分路段通行条件不理想,运营速度慢时,需要开设区间线来保证整个系统的车辆周转速度和运营效率;三是对于公交走廊周边的一些客流集散点,需要开设区间线进行覆盖。区间线的设置形式有3种,如图8-15所示:

(1)在主线运营区间内开设区间线。
(2)区间线延伸至主线运营区间外。
(3)区间线驶离主线,覆盖相邻客流集散区域。

虽然区间线运营更能够适应多变的客流分布和道路状况,但也会增加运营调度的难度,影响系统运营稳定性。此外,实施区间线还需要线路的端点具有回车和调度的条件。

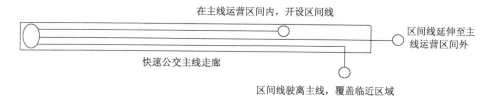

图8-15 区间线设置形式示意图

2) 大站快线和直达线

对于专用道率较高的地面公交系统,车站的排队和停靠时间将占到全线运营时间的20%~30%。因此,在实施常规的"站站停"运营模式的同时,采用停站更少的大站快线和直达线能够减少车站停靠时间,缩短乘客出行时间,加快车辆周转速度,如图8-16所示。大站快线是指运营车辆仅在线路客流较高的车站停靠,以满足沿线主要客流集散点之间的出行需求。很多城市常规公交使用的快线或高峰快线就是采用了这种形式。直达快线则是大站快线的一种特殊形式,它仅在线路起点和终点间的少数大站停靠,为乘客提供了近似于点到点的出行服务。直达快线特别适合于两个相邻较远片区之间的联系,如通勤走廊沿线外围新区与中心城区之间的公交服务。

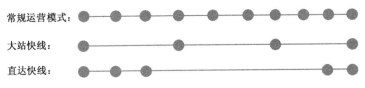

图 8-16　大站快线和直达线示意图

3）编组运营

编组运营是指在运营调度时,有意识地将运营车辆编为一组,编组数量不大于停靠站停靠位数量,形成"公交列车"整体运营,这同样借鉴了轨道交通多车编组运营的形式,比常规公交运营方式更高效地利用停靠位资源,提高了系统的通行能力。

编组运营对于系统调度的要求较高,一般在高客流且专用道饱和度较高的快速公交系统中采用。如北京快速公交南中轴 1 线,高峰期就采用两辆 18m 铰接公交车编组发车的形式运营。

8.2.2　定制公交运营组织

近些年随着公交信息化水平的提高,需求响应式的运营组织模式(定制公交)越来越受到关注。定制公交是为了给更多的出行者提供低碳环保、舒适快捷的出行服务,出行者可通过定制公交平台提出各自的出行需求,公交公司将根据出行需求和具体路段客流情况设计班车线路,并在定制公交平台上招募乘客、预订座位、在线支付,根据约定的时间、地点、方向开通商务班车。

1）定制公交系统设计

定制公交的系统硬件构成主要包括手机终端、公交站台定制装置、车载终端以及系统管理平台,这四部分是支持和保障定制公交系统得以顺利实现的必不可少的条件,如图 8-17 所示。

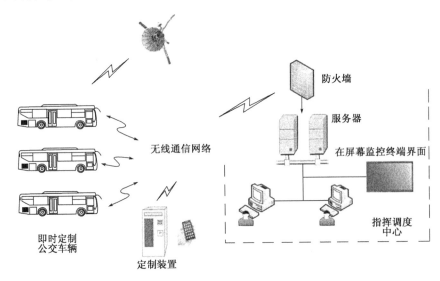

图 8-17　定制公交系统组成框架

手机终端主要是指日常生活中人们使用的智能手机。目前基于智能手机平台,手机 App 的应用已经伸展到了交通领域的多个方面,比如公交查询软件、打车软件、车票查询购买软件等。除了展现智能手机在应用软件的发展现状外,智能手机的基本配置也不断地进行革新,比如越来越先进的 CPU 处理器芯片、触摸屏、摄像头、无线充电功能、NFC 功能等。手机终端应具备两种功能:二维码软件扫描功能和 NFC 功能(读卡器模式)。

车载终端应该具有的基本功能主要由无线通信、数据处理、液晶显示、语音播报、通话系统、GPS 定位导航组成,将这些功能组合起来定义为车载终端的最小系统。无线通信模块是用来与调度管理中心进行信息交流;数据处理模块是对接收和发送的信息进行接收后和发送前的加工和处理;液晶显示模块用来显示车辆当前的各种图文信息;语音播报模块用来提示车上乘客需要注意的事项,比如告知当前停靠站点、前方停靠点等;通话功能模块用来实现驾驶人与调度中心以及和乘客的业务通话、安全提示等;GPS 定位导航模块用来获取车辆实时的地理位置,也是调度中心获取所有车辆位置的前提,有利于调度中心对车辆实时状况的把控。

2)系统管理平台

系统管理平台,也就是即时定制公交的指挥调度中心。它是即时定制公交正常良好运营的重要保障,不仅负责发车信息的提醒、停靠点和行车路线的生成,还是指挥和调度所有即时定制公交车的命令下达者。

指挥调度中心采用先进的地理信息技术,以 GIS 平台上的电子地图为基础,通过对车辆位置等相关信息的采集、传输和处理,实现对所有车辆的实时监控和调度管理。能够提高城市整体车队的运行服务效率,实现资源的最佳分配和利用。即时定制系统的管理平台应包括定制管理系统、监控管理系统、调度管理系统、信息服务系统、决策辅助系统。

对于公交企业而言,公交系统管理平台主要是实现对城市公交车辆的动态监控、实时调度、科学管理,并实现公交企业的现代化、信息化管理,从而提高公交服务水平和公交企业的效益。而作为新出现的即时定制公交管理平台,则需要相关公交企业结合现有的公交系统管理平台进行深入的研究和深层开发,未来还可结合 MaaS(出行即服务)平台的发展进一步拓展功能。

8.3 公交线路发车频率的确定方法

公交服务的基本目标之一就是保证给定时段内公交线路客运能力与沿线上的客流量相适应,因此要根据客流需求来确定发车频率,综合考虑线路各断面车辆满载率情况和发车间隔的法定上下限等服务水平制约因素。目前较为常用的有两类四种发车频率计算方法,一类是依据基于站点调查的最大站点客流数据分析方法,包括日最大站点客流和小时最大站点客流;另外一类是依据基于跟车调查的断面客流数据分析方法,包括无拥挤水平限制的均衡客流断面和有拥挤水平限制的客流断面。各方法简要介绍如下。

8.3.1 基于站点调查的最大客流断面分析方法

方法 1 是考虑日最大站点客流。分别统计各站点一天(若研究时段为高峰两小时,则仅统计两小时)内的总客流,找到总客流人数最大的站点,然后分别提取该站点在各小时内的客流量,以其与期望载客量的比值作为各小时内的发车频率,注意不可低于政府规定的最小发车频率。即:

$$F_{1j} = \max\left(\frac{P_{mdj}}{d_{oj}}, F_{mj}\right), \quad j = 1, 2, \cdots, q \tag{8-11}$$

$$P_{md} = \max_{i \in S} \sum_{j=1}^{q} P_{ij} = \sum_{j=1}^{q} P_{ij} \tag{8-12}$$

$$P_{mdj} = P_{i^*j} \tag{8-13}$$

式中：F_{1j}——时段 j 的发车频率，共有 q 个时段；

P_{mdj}——时段 j 内的日最大客流站点 i^* 的客流量 P_{i^*j}；

d_{oj}——时段 j 的期望载客量（可定为核载人数×期望满载率，或设为座位数）；

F_{mj}——时段 j 理论设定的最小发车频率（一般高峰时段取 3，非高峰时段取 2）；

P_{md}——统计得到的日最大客流站点的总客流量；

P_{ij}——时段 j 内 i 站点的客流量，共有 S 个站点。

方法 2 是考虑小时最大站点客流。找到各小时内总客流人数最大的站点，以其客流量与期望载客量的比值作为发车频率，注意不可低于政府规定的最小发车频率。即：

$$F_{2j} = \max\left(\frac{P_{mj}}{d_{oj}}, F_{mj}\right), \quad j = 1, 2, \cdots, q \tag{8-14}$$

$$P_{mj} = \max_{i \in S} P_{ij} \tag{8-15}$$

式中：F_{2j}——时段 j 的发车频率；

P_{mj}——时段 j 内的最大客流站点的客流量；

其他符号意义同前。

为便于理解，下面给出算例加以说明。

【例 8-1】 已知苏州某公交线路共有 27 个站点，其上行方向某周三全天各运营时段内的客流统计结果如表 8-1 所示（表中的距离代表该站点与下一站点之间的站间距，单位：km），通过调查知该线路车辆的期望载客量为 35 名乘客，最小期望发车频率为 2 辆车/h。试利用基于站点调查的最大客流断面分析方法确定该线路全天各个时段的发车频率和发车间隔。

苏州某公交线路上行方向某周三全天各运营时段客流统计表（单位：人次/h） 表 8-1

距离(km)	站点号	05:00—06:00	06:00—07:00	07:00—08:00	08:00—09:00	09:00—10:00	10:00—11:00	11:00—12:00	12:00—13:00	13:00—14:00	14:00—15:00	15:00—16:00	16:00—17:00	17:00—18:00	18:00—19:00	19:00—20:00	20:00—21:00	21:00—22:00	22:00—23:00	总客流量
0.281	1	0	0	0	0	0	2	3	0	0	0	2	2	8	0	0	1	0	0	18
0.411	2	5	0	27	11	5	4	7	0	2	4	2	6	9	8	3	1	0	0	94
0.658	3	10	12	62	24	10	13	11	5	6	16	8	9	17	8	5	1	0	0	217
0.636	4	13	18	96	47	24	21	16	15	6	21	12	10	19	10	7	1	0	0	336
0.366	5	14	19	97	47	24	21	16	15	6	25	12	11	25	11	7	1	0	0	351
0.296	6	21	28	121	77	40	24	17	24	16	28	22	21	27	15	11	1	0	0	493
0.89	7	25	36	127	96	53	30	24	27	21	32	22	24	24	11	7	1	0	0	580
0.445	8	29	41	135	107	66	32	24	27	33	33	22	26	27	13	1	1	0	0	640
0.521	9	33	42	136	108	69	32	25	27	33	33	22	26	27	13	1	1	0	0	647
0.623	10	35	43	㊂142	114	71	32	26	28	42	37	33	31	33	26	13	1	0	0	705
0.652	11	35	43	140	115	73	32	24	29	49	42	37	40	41	38	16	1	5	1	761

续上表

距离(km)	站点号	05:00—06:00	06:00—07:00	07:00—08:00	08:00—09:00	09:00—10:00	10:00—11:00	11:00—12:00	12:00—13:00	13:00—14:00	14:00—15:00	15:00—16:00	16:00—17:00	17:00—18:00	18:00—19:00	19:00—20:00	20:00—21:00	21:00—22:00	22:00—23:00	总客流量
0.426	12	(35)	46	135	119	74	36	25	33	51	46	42	42	51	41	18	1	10	1	806
0.622	13	35	46	131	124	76	45	30	36	59	50	54	50	72	52	26	8	12	1	907
12	14	33	47	124	128	81	48	35	44	65	59	67	59	82	57	30	10	12		982
0.513	15	29	(48)	123	132	85	52	39	49	67	66	74	68	86	57	30	10	15	1	1031
0.617	16	29	48	117	133	87	56	41	50	67	71	80	67	91	59	33	12	16	2	1062
0.649	17	18	47	108	132	88	58	46	57	70	81	85	77	(94)	(59)	36	15	20	2	1093
0.567	18	18	46	102	(133)	90	58	48	61	72	83	89	77	93	58	(38)	18	20	2	[1106]
0.497	19	0	39	77	127	91	(60)	52	(63)	(72)	90	94	76	86	57	38	20	(20)	2	1064
0.377	20	0	37	75	125	95	60	54	62	72	93	(95)	(78)	80	51	32	21	20	2	1052
0.596	21	0	34	76	118	97	58	(55)	62	71	(93)	91	75	80	51	26	(21)	19	2	1029
0.461	22	0	29	75	104	(99)	52	54	46	69	87	91	60	56	45	2	21	19	2	911
0.555	23	0	29	71	80	97	40	52	2	52	66	64	27	44	34	4	21	16	2	701
0.537	24	0	0	0	0	97	33	37	42	47	42	64	27	28	34	4	12	13	3	447
0.266	25	0	0	0	0	0	24	21	6	40	42	0	0	0	0	0	0	0	0	133
0.583	26	0	0	0	0	0	0	0	0	0	0	0	0	0	0	0	0	0	0	0
0	27	0	0	0	0	0	0	0	0	0	0	0	0	0	0	0	0	0	0	0

【解析】 基于站点调查的最大客流断面方法有两种,方法1是根据日最大站点客流来计算发车频率,方法2是根据小时最大站点客流计算发车频率。

对于方法1,首先需要确定日最大客流站点,由表8-1中总客流量一列可得日最大客流量为1106人次,出现在18号站点。而后根据该站点每个时段内的客流量,按题中所给的35名乘客的期望拥挤度计算发车频率,若计算结果小于最小期望发车频率(2辆车/h),则需将该时段的发车频率调整为规定的最小期望发车频率,最后计算发车间隔(通常取整数)。

对于方法2,首先确定每个时段的小时最大客流站点,例如:对09:00—10:00这个时段,由表1中09:00—10:00一列可得最大客流量为99人次,出现在22号站点。同理根据每个时段最大客流站点相应的客流量计算发车频率,并对计算出的发车频率小于最小期望发车频率2辆车/h的情况作调整,最后计算发车间隔(通常取整数)。

计算结果如表8-2所示,表中P_{mdj}代表18号站点(日最大客流站点)不同时段的客流量,F代表发车频率,H代表发车间隔,P_{mj}代表每个时段的小时最大客流量。

根据站点调查的最大客流断面方法计算得出的发车频率和发车间隔　　表8-2

时段	方法1(日最大客流断面)			方法2(小时最大客流断面)		
	P_{mdj}	F(辆/h)	H(min)	P_{mdj}	F(辆/h)	H(min)
05:00—06:00	18	2.00	30	35	2.00	30
06:00—07:00	46	2.00	30	48	2.00	30
07:00—08:00	102	2.91	21	142	4.06	15

续上表

时 段	方法1(日最大客流断面)			方法2(小时最大客流断面)		
	P_{mdj}	F(辆/h)	H(min)	P_{mdj}	F(辆/h)	H(min)
08:00—09:00	133	3.80	16	133	3.80	16
09:00—10:00	90	2.57	23	99	2.83	21
10:00—11:00	58	2.00	30	60	2.00	30
11:00—12:00	48	2.00	30	55	2.00	30
12:00—13:00	61	2.00	30	63	2.00	30
13:00—14:00	72	2.06	29	72	2.06	29
14:00—15:00	83	2.37	25	93	2.66	23
15:00—16:00	89	2.54	24	95	2.71	22
16:00—17:00	77	2.20	27	78	2.23	27
17:00—18:00	93	2.66	23	94	2.69	22
18:00—19:00	58	2.00	30	59	2.00	30
19:00—20:00	38	2.00	30	38	2.00	30
20:00—21:00	18	2.00	30	21	2.00	30
21:00—22:00	20	2.00	30	20	2.00	30
22:00—23:00	2	2.00	30	3	2.00	30

8.3.2 基于跟车调查的客流断面数据分析方法

基于跟车调查的断面客流数据分析方法,包括无拥挤水平限制的均衡客流断面分析方法(方法3)和有拥挤水平限制的客流断面分析方法(方法4)。

方法3的基本步骤是:根据断面客流曲线可计算得到曲线下的总乘客公里数,其与线路长度的比值即为线路平均载客水平,再与期望载客量的比值作为发车频率的参考值1;同时,仍然找到各小时内总客流人数最大的站点,以其客流量与运力的比值作为参考值2,而政府规定的最小发车频率为参考值3,最后从参考值1、2、3中取最大值作为发车频率,即:

$$F_{3j} = \max\left(\frac{A_j}{d_{oj} \cdot L}, \frac{P_{mj}}{c}, F_{mj}\right), \quad j = 1, 2, \cdots, q \tag{8-16}$$

$$A_j = \sum_{i \in S} P_{ij} \cdot l_i, \quad L = \sum_{i \in S} l_i \tag{8-17}$$

式中:F_{3j}——时段j的发车频率;

A_j——时段j内断面客流曲线下的乘客公里数;

L——线路长度;

c——车辆核载人数(运力);

l_i——站点i与下一站$i+1$之间的距离;

其他符号意义同前,示例如图8-18所示。

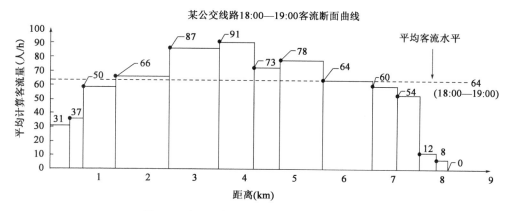

图 8-18 方法 3 中平均客流水平 (A_j/L) 数值示例

然而,方法 3 在乘客出行距离延长时有可能引起满意度的下降,此时的客流(载客量)大于期望载客量 d_{oj}。为了消除或减少上述现象,可以通过方法 4 来保证服务水平。

方法 4 的基本步骤是:先计算方法 3 中线路平均客流水平 A_j/L,确定限制客流量大于期望拥挤度的线路长度占线路总长度的比例;限制超载线路比例确定之后,则存在线路上一定的距离内不允许超载(即断面客流量不超过平均客流水平);那么先计算所有可能超载的线路距离,然后将断面客流量从大到小排列,按此顺序依次比较对应的站间距离并进行累计,当到某断面累计距离超过允许超载距离值时,则将此断面客流量作为 A_j/L 值,进行下一步计算,即:

$$F_{4j} = \max\left(\frac{A_j}{d_{oj} \cdot L}, \frac{P_{mj}}{c}, F_{mj}\right), \quad j = 1, 2, \cdots, q$$

$$A_j = \sum_{i \in S} P_{ij} \cdot l_i, \quad L = \sum_{i \in S} l_i$$

s. t. $\quad \sum_{i \in l_j} l_i \leqslant \beta_j \cdot L, I_j = \left\{i : \frac{P_{ij}}{F_j} > d_{oj}\right\}$ (8-18)

式中:F_{4j}——时段 j 的发车频率;

I_j——时段 j 内断面客流 P_{ij} 大于发车频率 $F_{4j} - d_{oj}$ 的所有站点集合;

β_j——时段 j 内允许 P_{ij} 大于 $F_{4j} - d_{oj}$ 线路长度的控制参数,当 $\beta_j = 0$ 和 $\beta_j = 1$ 时,方法 4 分别等价于方法 2 和方法 3;

其他符号意义同前,示例如图 8-19 所示。

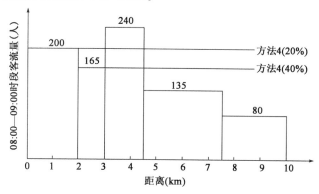

图 8-19 允许超载水平分别取 20% 和 40% 时对应的 A_j/L 值示例

8.4 运行时刻表编制方法

运行时刻表是一条线路全天应完成的运行计划的表格。其中包括车次、车号、乘务组以及在首末站和中途停靠站的运行时刻等。得到各运营时段内的发车频率后,需进一步分析确定各运营时段全部车次的具体发车时间,即发车时刻表编制。时刻表编制常用 3 种方法,分别是平滑过渡的均匀发车间隔、平均载客量均衡的发车间隔和单个车辆均衡最大载客量的发车间隔。

8.4.1 平滑过渡的均匀发车间隔

设定每个小时内重复相同的发车间隔,在不同小时的交接部分采用平滑过渡的思想。绘制一条与时间相关的累积(非整数)发车频率曲线,每次发车均水平画线向右移动,直到与累积曲线相交,然后垂直向下移动画线直至与时间轴相交,则该交点为所需的发车时间,通过图像可方便地计算结果。一般设定原点处预发一个车次,示例如图 8-20 所示。图中图像斜率为期望发车频率。

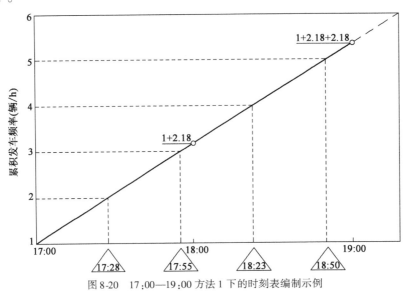

图 8-20 17:00—19:00 方法 1 下的时刻表编制示例

8.4.2 考虑平均载客量均衡的发车间隔

上面介绍的平滑过渡的均匀发车间隔是设定每个小时内重复相同的发车间隔,能保证有足够的车辆满足小时客流需求,但不能保证每辆车在客流高峰时段的载客均衡,为了解决该问题,可使用平均载客量均衡的发车间隔计算。先绘制一条在小时最大客流断面观察到的累积客流曲线,对于所有时段 j 的 d_{oj},以 d_{oj} 为起点,向右水平移动画线,直到与累积客流曲线相交,然后再向下垂直移动画线与时间轴相交,则该交点为所需发车时间,通过图像可方便地计算结果。累积客流量从 0 开始依次累加,示例如图 8-21 所示。

【例 8-2】 利用平均载客量均衡的运行时刻表编制方法为例 8-1 中的公交线路编制 17:00—19:00 时段的时刻表。(假设第一班车 17:00 发出并使用基于站点调查的最大客流断面中的方法 2,统计每个时段最大客流断面处按计划发车时间实际的平均观测客流量,假定结果如下:17:00—17:15 的平均观测客流量为 20 人,17:15—17:50 的平均观测客流量为 70 人,17:50—18:20 的平均观测客流量为 40 人,18:20—19:00 的平均观测客流量为 30 人。)

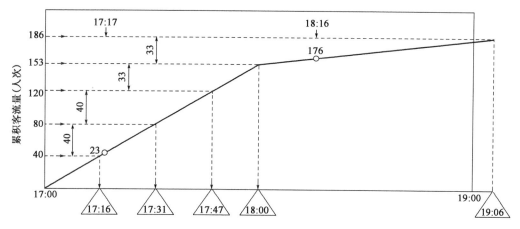

图 8-21 17:00—19:00 方法 2 下的时刻表编制示例

【解析】 平均载客量均衡发车间隔方法,通俗来讲就是使得每辆车载客量均衡,并且不要求发车间隔均匀。此题中设定车辆的期望拥挤度为 35 名乘客,因而使用平均载客量均衡发车间隔方法编制时刻表时应尽可能使每辆车载客量为 35 名乘客。

由于假设第一班车 17:00 发出,则结合 17:00—17:15 时间段的平均观测客流量为 20 人,为使第二班车载客量为 35 名乘客,还需要 17:15—17:50 时间段内的 15 名乘客乘坐第二班车。假设每个时间段内乘客到达是均匀的,则由下式计算得第二班车应在 17:22 发出。

$$15 + \frac{15}{70} \times (50 - 15) = 22.5 \text{min}$$

因 17:15—17:50 的平均观测客流量为 70 人,预计约有 15 人已乘坐第二班车,因而为使第三班车载客量为 35 名乘客,需要 17:22—17:50 时间段内的 35 名乘客乘坐第三班车,计算累积客流量为 70 对应的时间点,而后由下式计算得第三班车应在 17:39 发出。

$$\frac{35}{70} \times (50 - 15) = 17.5 \text{min}$$

同理可得结果,如图 8-22 所示。

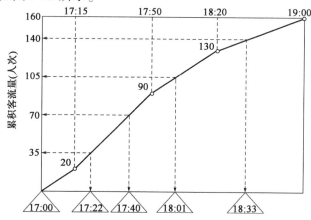

图 8-22 对例 8-2 使用方法 2 确定载客量均匀的发车时刻

8.4.3 单个车辆均衡最大载客量的发车间隔

考虑平均载客量均衡的发车间隔,是以小时最大客流断面观察到的累积客流曲线为准,进行时刻表编制,能保证小时最大客流断面存在均衡载客量,而考虑单个车辆均衡最大载客量的发车间隔则是保证单个车辆在最大载客量断面实现均衡的期望载客量,以进一步减小车辆拥挤度。该方法的步骤是:先为每一站点(除线路末站)绘制一条累积载客量的曲线,在每条曲线对应的 j 时段中,以 d_{oj} 为起点,向右水平移动画线,直到与累积客流曲线相交,然后再向下垂直移动画线与时间轴相交,从而得到每条曲线的发车时间,取其中最小的发车时间作为最后确定的发车时间;并根据此发车时间,得到每条曲线对应的客流量,在此客流量加上 d_{oj} 或者下一个 d_{oj}(跨时段情况下)作为新起点,重复前述水平和垂直移动过程,生成下一个发车时间,重复操作直至时间段结束。

该方法实际上就是考虑平均载客量均衡的运行时刻表编制方法的延伸,对每个站点的累计客流曲线均考虑平均载客量均衡确定发车时刻,得到各自的发车时刻后再相互对比取最小值,以保证此车次在线路上的最大载客量断面能够满足期望载客量,后续操作循环往复即可。但问题在于实际中线路站点较多,若一一计算较为烦琐和无意义,一般选择几个客流量较大断面对应的发车站点进行计算。

实际工作中还需结合整点发车、预设发车车次等具体要求来编制时刻表。另外,公交企业可以根据所需要的发车车次和单条线路所需的车队规模等指标,来对比不同时刻表方案的优劣。

8.5 公交服务的衔接性及评价方法

8.5.1 公交服务衔接性内涵

一个先进的、有吸引力的公共交通服务系统,应该是运行可靠、相对快捷、便于同步换乘的系统,是门到门乘客出行链的一部分。

总体来看,衔接性包含了两方面的含义,一方面是路径内多种交通模式在换乘站点的衔接是否顺畅,乘客是否能方便、快捷地完成换乘行为,另外一方面是乘客从步行至公交站台、购票、候车、上车、车内运行、下车、到达目的地这一系列出行过程中各个环节之间是否顺畅、便捷。理解衔接性,应从公共交通规划与运营两个层面出发。

1) 规划层面的衔接性

公共交通规划层面的衔接性包括站点的衔接性和线路的衔接性。

在设置站点时,要便于乘客进行换乘,尽量缩短乘客的走行距离,做到站点之间的良好衔接。对于公交站点之间的换乘,应尽量缩短换乘时的走行距离。在轨道交通中,为提高换乘的衔接性,应尽量缩短两条线路之换乘通道的距离,在换乘客流较大的站点可考虑采用两条轨道交通线路同站台换乘,例如南京地铁的南京南站。对于轨道交通与常规公交的换乘,应开发用地集中的公交站点设置。考虑在轨道交通出入口周围增加公交站点用地,缩短乘客走行距离以方便换乘。

城市公交线网规划应"以人为本",最大限度满足居民出行的方便性、安全性、快捷性、舒适性的要求。线路规划时,应协调多种交通方式统筹规划、相互关联。如在交通枢纽规划、轨道交通或快速公交等大中运量交通方式规划中应对接驳公交场站预留规划用地,避免产生换乘不协调的问题。公交线网应与城市公交枢纽、客流集散中心有机衔接,形成相互衔接、布局合理、方便快捷、畅通有序的格局。

2)运营层面的衔接性

运营层面的衔接性主要包括服务时刻表的衔接、良好的信息服务和具有吸引力的票制票价。

(1)时刻表衔接

随着公共交通网络的不断成熟,换乘出行的比例逐步提高,如果线路间的运行时刻表彼此独立、不相协调,会给乘客带来很多不便,产生较长的等待时间,降低换乘的衔接性、流畅性。因此,研究城市公共交通换乘组织衔接性,特别是时刻表方面的协同对公共交通的运营和管理具有重要的指导作用和现实意义。

时刻表衔接的原则是乘客等待时间最短,有两种思路:一是减小某些线路上的发车间隔。缩短发车间隔,能大幅减少等待时间,但会增加配车数和运营成本,由于客运量的时空变化,不一定经济。二是通过定时换乘措施来提高换乘的协调性。定时换乘系统是指通过时刻表设计,所有或大多数线路上的车辆可以同时到达换乘站,在乘客换乘完成后离站。这种方法可以使资源得到有效利用,同时可能会减少系统的总成本。当然,由于地形条件、规划设计等因素的影响,乘客在换乘时会有一个走行时间。由于车站布局和换乘方式的差异,线路车辆到达的同步性不一定会减少成本。在时刻表中引入松弛时间,使得各条线路有选择地停留等待来满足换乘需要,是增加换乘接续性的一个重要途径,能减少换乘等待时间和乘客错过换乘的可能性。

时刻表的衔接应着眼于公共交通的网络运营特征,综合协调所有线路上的车辆运行计划,在既有条件下,通过优化时刻表、改善运输组织对换乘进行优化,完成网络中各线路间的匹配,使乘客能够快速便捷地进行换乘。

(2)良好的信息服务

信息服务直接影响着乘客的出行选择,是公共交通服务衔接性的重要组成部分,在涉及多方式换乘的交通枢纽中,尤其要重视。提供完善的交通信息服务,可使乘客根据提供的信息做出最优出行策略,通过信息引导乘客进行方便快捷的换乘,减少乘客出行的时间消耗;也可以提升换乘枢纽的换乘效率,缩短各种交通方式在枢纽点的接驳时间,提高各交通方式之间的衔接性。

交通信息主要有静态信息与动态信息两种。

静态信息主要面向轨道交通的使用者,提供导向、票务等相关信息。其中,按导向标志的性能不同,导向信息又可划分为方向性、警告性及服务性3类:①方向性导向标志。包括站点位置、进出站方向、购票方向、站内路径引导、列车运行方向标志等。②警告性导向标志。包括乘客停留标志、乘客禁止进入标志等。③服务性导向标志。包括轨道交通系统线路图、沿线停靠站点及接驳交通、枢纽周边区域地图、标志性建筑及接驳交通换乘站地点,以及其他公共服务设施导向标志等。

动态信息强调实时性,主要包括各线路到离站信息、各公共交通方式换乘信息、车内拥挤程度等反映车辆行驶状态和枢纽停车等设施利用情况的实时交通信息,常常以电子站牌、广播、手机 App 等方式进行呈现。

(3)具有吸引力的票制票价

票制票价的制定应满足公共交通服务衔接性的要求,主要包括乘客可以方便地进行购票,以及票制的制定应鼓励公共交通方式间的换乘,降低乘客换乘时的成本。

方便的购票指的是各公共交通方式应采用统一的支付方式,以便于乘客在不同交通方式间的换乘。随着公交 IC 卡和移动支付在我国大部分城市的普及,利用 IC 卡和移动支付可以实现公共交通方式之间的换乘,极大地方便了乘客的出行。例如南京已实现公交、地铁、轮渡、出租车、公共自行车、有轨电车等多种交通方式的一卡通。

制定票制时,可以采用灵活的方式,例如通过免费换乘等制度,并辅助合理的线路换乘时刻表,使乘客出行换乘更为便利,这样就达到了通过科学的票制提高公共交通服务衔接性目的。例如南京自 2017 年从 8 月 1 号开始,实行 90min 内换乘优惠一元的政策。换乘范围包括公交与公交,公交与轨道交通之间的换乘。

8.5.2 公交服务衔接性评价

衔接性能主要关注于乘客在网络中的换乘、各方式间衔接等方面,包括乘客等待时间、乘客换乘次数和衔接成本等。公交服务衔接性指标的选取主要从乘客的角度出发,分为定性与定量两大类属性。定量属性是可以计算的,包括步行时间(步行时间均值、步行时间方差)、等待时间(等待时间均值、等待时间方差)、出行时间(已知出行模式或路径的平均出行时间、出行时间方差)、计划发车间隔(平均计划发车间隔、计划发车间隔方差)。无法量化的定性属性,主要包括换乘顺畅性(站点间距离、有楼梯/坡道等、换乘时长、时刻表显示)、可视化好且使用方便的信息发布(有显示预期等待时间的电子屏、有车站指示或地图、时刻表显示)、设施内部及设施之间衔接满意度(如是否有公交候车亭、车站内是否有商店等)。

利用衔接性指标评估能够对公交设计中需要改进之处进行准确定位,并可明确需要优先改善的要素。关于实际中这两大指标如何计算、分析和应用,文献 22 第 13 章(协调性与衔接性:指标和应用)进行了详细介绍,有兴趣的读者可以查阅。下面简要说明运用衔接性要素指标对出行路径、出行起终点、整个区域的衔接性进行评价的基本方法。

1)出行路径的整体衔接性质量评价

如图 8-23 所示,对于从起点到终点包括换乘的出行链的衔接性评价,可对 OD 之间多条路径进行比较,筛选出衔接性最优的路径。

图 8-23 公交出行路径示意图

$$c_p^j = \sum_{m \in M_p} \sum_{e^j \in E_j} \alpha_e \times e_{mp}^j, \quad j = t, l \tag{8-19}$$

式中:$M_p = \{m\}$——包含在路径 p 中的公交线路和出行模式的集合;

t——定量属性指标;

l——定性属性指标;

$E_t = \{e^t\}$ ——适合衔接性指标的定量属性集；

$E_l = \{e^l\}$ ——适合衔接性指标的定性属性集；

e^j_{mp} ——路径 p 上采用出行模式 m 的属性 e_j 的值；

α_{e^j} ——属性 e^j 的权重系数，$j = t, l$；

c^j_p ——路径 p 的定量和定性的衔接性指标，$j = t, l$。

由于不同的乘客对各个属性理解不同，即使同一个乘客在不同的情况下对同一个属性的理解也会不同，因此，可以将这些不同的理解通过每个属性的平均权重来反映，而属性权重则建立在调查或者路径选择模型结果的基础之上。

2) 出行起终点的衔接性评价

将起终点相连的所有路径的衔接要素指标相加，便得到了出行起终点的衔接性指标，如图 8-24 所示，利用此指标可对出行起终点的衔接性进行评价。

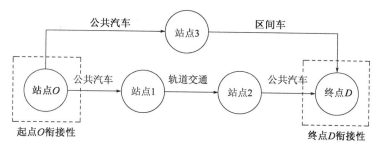

图 8-24 起终点衔接性评价示意图

$$\left.\begin{array}{l} C^j_{O_k} = \sum_{p \in P_{O_k}} c^j_p, \ j = t, l \\ C^j_{D_k} = \sum_{p \in P_{D_k}} c^j_p, \ j = t, l \end{array}\right\} \quad (8\text{-}20)$$

式中：$\{O_k\}$ ——起点 O_k 的集合；

$\{D_k\}$ ——终点 D_k 的集合。

3) 区域的衔接性评价

将某一区域的所有起终点的衔接性指标进行加和，便得到了整个区域的衔接性指标，利用此指标可对不同的区域、不同城市的衔接性进行评价。

$$\left.\begin{array}{l} C^j_O = \sum_{O_k \in O} C^j_{O_k} \\ C^j_D = \sum_{D_k \in D} C^j_{D_k} \end{array}\right\} \quad (8\text{-}21)$$

式中：C^j_O、C^j_D ——区域内所有起点和终点的衔接性；

$C^j_{O_k}$、$C^j_{D_k}$ ——第 k 个起点和终点的衔接性。

值得注意的是，公交服务的衔接性为确定路径的阻抗函数提供了新思路。在公交客流分配以及出行行为分析中，通常都选择出行时间作为阻抗函数。而衔接性指标既包括了出行时间，还包括了换乘的顺畅性、信息服务、设施的衔接满意度等方面，更符合乘客对公交服务的要求，也对公交服务的品质提出了更高的要求。

8.6 公交运营管理的智能化与信息化

在现代管理理念指导下,充分利用各种先进的智能交通系统技术,实现公共交通运营管理的智能化和信息化,提高公交资源的利用效率,提高公交系统的服务水平和突发事件应变能力,是公交运营组织和管理发展的一个重要方向。

下面简要介绍公共交通智能化调度系统体系结构、组成与功能,公共交通应急调度与公交乘客信息系统等基本内容。

8.6.1 公共交通智能化调度系统

1) 体系结构

公共交通智能化调度系统是智能公共交通系统的核心子系统。它是在对公交车辆实时调度理论方法研究的基础上,综合运用通信、信息、控制、计算机网络、GPS/GIS 等现代高新技术,根据实时的客流信息、车辆位置信息、交通状态信息等,通过对公交车辆的实时监控、调度指挥,实现对公交车辆的智能化管理,从而使公交车辆高效、平稳运行,保证公交系统总体服务水平。

公共交通智能化调度系统提高运行效率最有力的手段就是对公交车辆调度模式的改进。ITS 新技术的应用将引起公交企业运行管理组织模式的变化,强化区域运行组织与调度功能,加强总公司对突发事件的应变能力,这些是智能调度系统所应具有的基本特征。

公共交通智能调度系统是现代公共交通智能化管理框架中一个十分重要的层次,其体系结构如图 8-25 所示。图中方框代表体系结构之外的实体,椭圆代表功能块,线段代表数据与信息流。系统的功能主要分为信息采集、信息处理、信息提供和智能化管理四块。其中,信息采集部分主要是对包括客流信息、道路交通信息和车辆运营信息的动态信息的获取,这是进行智能化调度的最重要的基础性信息。调度管理则主要是指借助专家系统、调度优化理论等手段,形成调度优化辅助决策支持系统,实现对车辆、人员的协调指挥。

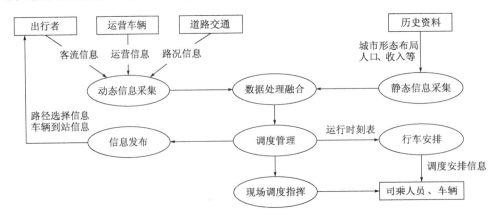

图 8-25 公共交通智能调度系统体系结构

2) 基本组成

公共交通智能调度系统主要包括:监控子系统、通信网络子系统、信息服务子系统、调度子系统和数据库子系统。

(1)监控子系统

主要实现公交信息的采集、传输、处理和显示功能,通过车载终端和场站视频终端采集公交车辆和场站运行状态、客流和其他信息,系统对车辆和场站传来的数据进行汇集、分析、综合,采用 GIS 技术在电子地图上显示。GPS 定位模块在监控系统中是一个重要的部分,可获取车辆的位置信息、车速等信息,公交车辆定位的目的在于使指挥调度人员可以在电子地图上清晰地了解到公交车辆现在所处的位置、行驶速度、方向、线路等信息。视频采集系统可用于监视公交场站及车辆运行状况。在公交场站上主要采集到离站客流量、场站车辆停放及周转情况、乘客上下车秩序等。在公交车辆上主要采集车辆内外环境、乘客满载情况及舒适程度、乘运纠纷以及交通阻塞、事故、超速、异常开关门、发动机过热等异常事件信息。

(2)通信网络子系统

通信网络为公交调度系统提供一个完善的业务通信平台,满足各模块对信息传输的要求。网络包括无线通信和有线通信两部分。无线通信主要实现车辆与调度平台之间的数据和语音通信,保证调度与司机之间的联系;有线通信包含局域网和广域网两部分,局域网实现总公司与分公司、车队各部门之间的数据传输和资源共享。该子系统负责使调度中心和车载单元进行有效的沟通。

通过无线通信网络系统,车载单元可以及时将自身的位置、客流信息上报给调度中心,遇到突发事件及时汇报情况,接受监控调度中心的调度命令等。网络通信模块实现车辆与调度管理中心大容量数据的交互,把出行者、公交车辆与调度中心密切联系在一起,实现了车载单元和调度中心的实时双向通信。

(3)信息服务子系统

信息服务子系统包含三个功能:信息的采集、处理和发布。

信息采集:客流是公共交通的服务对象,其在空间和时间上的分布特性将对城市公共交通产生决定性的影响。要想获得其分布特性,客流信息采集是必不可少的,客流检测可分为两个部分进行:公交车内客流检测和站点客流检测。公交车内客流检测主要采集在各站点上、下车人数和在车的出行者人数,从而获得各个时刻车辆的满载率。车载终端设备采集车辆客流、位置、速度等信息,通过通信网络传输至调度中心,调度中心进行信息处理,处理后的信息储存至运营信息数据库。

信息处理:信息处理模块的主要功能是为调度员实施调度决策提供依据。当实时运营信息传到调度中心时,有关车辆运行速度、时间以及客流等数据将被筛选出来,传送到信息处理模块,结合部分历史运营数据,利用事件检测判别,得到车辆运营状态以及乘客到达情况,如果车辆运行正常,未与行车计划发生偏离,则保持现有行车计划,如果车辆运营偏离出行车计划超出了预定的范围,则需对发车计划进行调整。

信息发布:该模块将信息预测的结果以及车辆当前运行状态等信息(线路预计到站时间、车辆当前所在位置等)在公交车、电子站牌上显示发布,便于驾驶人判断车辆在线路的行驶情况,也让乘客对车辆到站时间有所掌握。

(4)调度子系统

调度子系统通过编制公交车辆行车计划和发布调度指令,协调日常运营各个环节,合理安排、组织、指挥、控制和监督运营车辆的运行和有关人员的工作,采用人工智能的方法,对车辆位置信息、客流量数据、调度员经验进行综合处理，实现对车辆的智能化现场调度和辅助决策支持，使企业的生产达到预期的经济目标和良好的社会服务效益。主要实现计划排班、实时调度、专家辅助决策、运营数据分析和统计及预案仿真等业务功能。

调度子系统是整个系统运作的中枢，它将整个智能调度系统中的各个子系统联系在一起。调度中心通过 GPRS 通信网络接收车载单元子系统发送来的各种信息，这里包括车辆定时上传的实时信息、公交汽车车体客流信息、站点客流信息、位置信息及在遇到紧急情况下发送的报警信息。接收信息后，根据已拟定好的传输协议格式，将预测、统计等所需信息从接收到的信息中解析出来，作为历史数据存入数据库中，另一方面，部分数据将被复制发送到信息预测模块，以预定的算法模型预测出后续车辆的运营情况，其预测结果将传送到调度模块，指导调度员做出相应的调度决策，通过网络通信手段将调度命令发送到相应的车载单元子系统中。

(5) 数据库子系统

数据库子系统包括 GIS 地图数据、运营信息、调度计划、预案数据、预测信息、系统错误日志、数据备份等数据，实现了历史数据的分类存储，便于调度人员查询、调用。

3) 基本功能模块

公共交通智能调度系统的功能模块主要包括线路层面的实时调度、线网层面的总调度和系统维护三个部分。

在线路调度方面，可细分为车辆定位、车辆实时监控、实时通信、车辆动态调度以及信息发布等功能。

(1) 车辆定位功能

应用全球定位技术实现对车辆的区间定位(车号、线路号、行驶位置和时间等)，将车辆所在的区间位置数据传送到调度指挥中心，并不时发布公共交通信息。

(2) 车辆实时监控功能

通过对车辆位置信息的实时采集，结合车载视频采集，对公交车辆实时监控、跟踪并通过通信网络系统对车内车外情况进行实时监控。调度员可以调取车辆实时监控画面观测车辆运行状态、正点率、载客数量等实时信息。

(3) 实时通信功能

根据搜集到的动态信息调整车辆发车间隔，达到公交车辆与调度管理中心的实时双向通信。当车辆在运行期间遇到交通事故、交通拥挤，或车内发生偷抢、火警、纠纷、故障等紧急情况时，司乘人员可通过车载设备及时向调度中心取得联系。

(4) 车辆动态调度功能

根据搜集到的客流信息和车辆动态信息，安排线路车辆运行，自动调整发车间隔及行车顺序。

(5) 信息发布功能

根据公交智能调度系统开发的目的，向在站的乘客提供必要的交通服务信息——静态信息和动态信息。静态信息采用可变 LED 信息板显示，不断传输首末站时间、天气预报、主要换乘引导；动态信息为车辆预计到站情况、车次、路况信息、运行方向、车内拥挤状况等。

在公共交通线网总调度层面，主要包括统计功能(人员出勤统计、驾驶人违章统计、配车排班查询等)、行车计划配置(行车计划策略管理、行车计划参数设置)、编制运营报表及统计曲线(运营报表即车辆运营数据的统计报表)、行车计划审核、公交车辆管理(包括车辆维护计划)、车辆运营历史记录回放等功能。

在系统维护部分,主要包括基本信息配置模块(车辆信息管理、人员基本信息管理和公司信息管理)、路队信息管理、线路信息管理和权限管理、系统网络管理、数据维护(数据库备份、数据导出等)。

8.6.2 公共交通应急调度

1)轨道交通应急调度

城市轨道交通具有空间封闭、设备与人群密集度高等特点,一旦发生突发事件,不仅会造成该条线路上的运营中断,还有可能会造成其他线路的中断而产生连锁反应,严重时甚至会导致整个轨道交通系统瘫痪。

城市轨道交通突发事件的处置需要多个部门、多系统迅速进行紧急、有效地处理。当发生城市轨道交通突发事件时,应迅速全面启动应急的处置预案,调用储备的物力、财力和人力,及时制止或减少突发事件所带来的破坏,避免发生持续、衍生的危机和危机带来新危害。

城市轨道交通系统不同突发事件产生的后果影响不尽相同,因此需要根据应急事件发生的具体情况,采取相应的举措,通过轨道系统自身列车运行调整,以及与其他交通部门合作采取联动应急公交的策略,确保乘客顺利安全地完成出行,保证城市交通大系统的运营服务质量。

当有突发大客流或者突发事件的产生,导致列车发生晚点,轨道交通线路无法以正常的运输能力继续运营甚至运营中断时,应立即启动自身运行调度调整。列车运行调整的目的就在于保障线路的运输能力,并尽可能地在最短时间内恢复轨道交通列车的运行图,恢复路网的正常运营。列车运行调整主要有以下几种方法:

(1)根据车站受影响的旅客数量,决定在线路始发站提前或者推迟列车发送。

(2)调整列车的运行间隔。根据列车的技术性能、线路的技术操作规范以及列车司机的技术水平,控制列车的运行速度,组织列车赶点运行。并通知车站值班员组织旅客有序上下车,加快列车在站的作业时间,尽量压缩列车的停站时间。

(3)根据应急行车方案,实行跨站停车,组织列车在通过某些客流较小的车站时,采取列车载客通过或者放空通过,尽量满足车站滞留旅客的出行需求。

(4)在应急行车方案允许的前提下,临时变更列车的运行交路,组织相关列车在具备折返条件的普通中间站进行提前折返。并组织提前折返的列车,采取"跨站停车"的方式,尽量满足滞留车站的旅客的出行需求。

(5)在轨道交通网络有环线的情况下,当其中某条线路的运营中断,为尽量避免其他相关线路受中断区间的影响,必须及时通知该线路各个车站负责人组织引导乘客选乘正常运营线路或区段的列车,以维持线网的正常运转。

(6)在具备条件的双线线路上,可以考虑组织列车反向运行。即,双线线路上两个方向的列车密度相差很大,为了维持中断线路的正常运营,可以利用设有道岔的中间车站铺设的渡线,将列车调转至列车密度较小的方向线路上,从而实现反向运行。

以上几种方法是较为常见的列车运行调整的方法,应根据突发事件具体情况与特点,合理选择相应的方法。

2)轨道交通突发事件下的常规公交协同调度

当发生"较大"及以上级别的轨道交通突发事件,导致系统产生严重运营中断时,应启动公交应急联动,立即在运营中断的区间和车站扣车并停运列车,指引并疏导乘客改乘其他交通工具,即应急公交或者应急出租车。因此,常规公交协同调度的任务可以归纳为:适应一定概率条件下、发生"较大"及以上级别轨道交通突发事件情况的,配合轨道交通自身应急策略的,服务于轨道交通车站客流疏散的公交应急联动运能。

(1) 基于责任区开行

城市轨道交通突发事件所造成的影响,可能集中于某一个站点或者某一区段,也有可能由于客流影响的传播性波及整条运营线路或者相衔接的多条线路。以城市轨道交通网络为基础,以城市主、次干道,行政区界,或者天然屏障为边缘,将整个城市划分为若干个责任区,进而以各个责任区为单位,开行相应的应急公交。此方法能够做到有效利用公交的机动运能,同时降低运营成本,有效发挥联动作用。

(2) 替代轨道交通中断区段开行

当轨道交通突发事件造成某一区段运营中断,为了尽快疏散滞留在中断区间的客流,可考虑开行与中断区间径路平行的应急联动公交,通过中断区间两侧换轨道车站实现应急公交与轨道交通线路相衔接,有效疏解滞留的旅客,保证旅客出行。

(3) 替代轨道交通线路开行

当重大突发事件发生,造成极恶劣的后果影响,引起整条轨道交通线路瘫痪,丧失正常运营能力,则应该考虑采取开行应急公交联动,沿着无法运营的轨道交通线路往返开行,承担该线路的旅客疏解的运营任务。采取这一类公交联动策略,根据轨道交通线路的客流统计和预测,可以将公交经停站设置在客流量较大的轨道车站;在有条件的城市轨道交通系统中,也可以考虑将应急公交线路各站与轨道线路各站完全重合,按各站点停车的策略。从而保证客流的顺利疏解,最大限度地降低因突发事件对城市轨道交通造成的损失和不利影响。

3) 常规公交应急调度

常规公交应急调度属于应急管理中资源调度方面的内容,就是要把各个驻车点的公交车有效组织起来,在最短的时间内到达发生突发事件的场所,将乘客及时地疏散到大型交通枢纽等临时疏散地。

常规公交应急调度问题类似于物流配送车辆调度问题,有关物流配送车辆调度相关问题的研究已经很成熟,我们可以借鉴相关的研究方法和思路。物流配送车辆调度问题就是指在车辆数量信息已经确定的情况下,怎样根据用户的需求(静态的或者动态的)合理地安排车辆调度方案,从而在最大满足用户需求的前提下(约束条件)使得运输成本降到最低(即目标函数达到最优)。

但是常规公交应急调度与物流配送车辆调度还是有很大的差别,主要表现在以下几个方面:

(1) 从输送对象方面来看,物流配送车辆调度运输的是货物,而公交应急调度运输的是人员。

(2) 从实时性方面来看,物流配送车辆调度在研究目标方面有的是最短路线,有的是最短时间,有的是客户的方便程度等,而公交应急调度最根本目标与原则是最大限度地保证疏散人员的安全,要求在最短的时间内将人员疏散到安全地点,故公交应急调度对于实时性的要求远远高于物流配送车辆调度。

(3) 从运输层次方面看,物流配送车辆调度仅包括两个层次——配送中心和客户,而公交应急调度则包括三个层次——驻车点、大型场所和临时疏散地。

公交应急调度问题属于运筹学范畴,线性规划问题与运输问题是研究公交应急调度的基础理论。最小行程距离作为公交应急调度模型的已知变量,也需要给出求解方法。这方面更详细的讨论可参考相关书籍。

公交应急调度方案的实施效果和可行性由两部分体现,即方案的疏散效率及所付出的经济代价。其中疏散时间是描述应急交通疏散中整体疏散效率最常用的指标,产生的经济消耗则主要来自应急与救援车辆消耗。

8.6.3 公共交通乘客信息系统

公共交通乘客信息系统,是为乘客在出行前或出行中提供公交线路、公交换乘、票价、车辆到站时间及所处空间位置、车辆拥挤程度等实时信息的系统。

伴随着信息和通信技术的进步,公共交通信息服务在实践中取得了长足的发展。我国《城市公共交通"十三五"发展纲要》(2016年7月)、《"十三五"现代综合交通运输体系发展规划》(2017年2月)均明确提出建设"具有城市公交便捷出行引导"的综合信息服务系统。可以预见,涵盖出行全过程服务,响应乘客便捷出行需求,包括车辆到站时间、预计在途时间、换乘衔接、拥挤状态等在内的多元公共交通信息服务,将是公交乘客信息系统的发展方向。已有研究表明,公交信息能够起到减少乘客感知候车时间的作用,并能有效引导小汽车出行方式向公交系统转移。

随着信息服务系统的不断建设完善,多元公共交通信息将在城市公交出行中发挥更加显著的作用,为乘客的出行决策提供更多帮助。公共交通信息系统要覆盖乘客出行的全过程,这就要求系统在设计时需要提供多元化的查询手段和尽可能详尽、准确的信息。

1)乘客信息系统组成

公交乘客信息系统涉及多个子系统的融合,从不同的角度出发可以有不同的划分方式。

按照公交乘客信息系统提供服务的空间位置和环境不同,可以分为以下4种:出行前公交乘客信息系统、车站/路边公交乘客信息系统、车上公交乘客信息系统和综合公交乘客信息系统。

(1)出行前公交乘客信息系统:在乘客出行前为其提供准确和及时的信息,使乘客可以根据这些信息进行决策,选择出行时间和出行路线。主要查询手段为:计算机网络、家庭电话和移动电话。

(2)车站/路边公交乘客信息系统:通过电子站台、闭路电视等媒介为公交出行乘客提供信息,包括实时车辆到离站信息,也包括传统的静态服务信息。车站/路边信息服务主要是通过电子站牌实时接收调度中心发来的各个车辆的位置信息,并动态地显示离本站最近的车辆行驶的进程及到站所需要的时间。

(3)车上公交乘客信息系统:在车上,通过视觉与听觉多种媒介为乘客提供相关的信息。其发展趋势为:车上公交乘客信息系统与车站/路边公交乘客信息系统相结合;车上公交乘客信息系统与车辆自动定位系统相结合。车内信息服务主要是通过车内电子显示板,动态地显示车辆的位置信息、到站所需要的时间与车辆换乘信息。方便乘客到站换乘。

(4)综合公交乘客信息系统:综合公交乘客信息系统是以上几种方式的综合运用。它的特点是集合一个或多个服务系统的实时或静态数据,并通过多种方式收集、合并、校正和传递这些信息。同时它还包含了更完善的车辆信息,如乘车、停车和共乘等信息资料。

从乘客信息系统的功能来看,其功能主要是提供公交线路、公交换乘、票价、车辆到站时间及所处空间位置、车辆拥挤程度等实时信息的查询,每个功能的实现都需要相对独立的系统来提供技术支持,因此也可以将整个信息系统划分为:公交线路及换乘查询系统、公交票价查询系统、公交运行情况查询系统3个部分。

(1)公交线路及换乘查询系统:公交乘客出行路径信息,是乘客选用公交方式出行所需要的最基本的资料。因此,为乘客提供相应的优质信息服务显得尤为重要,这是反映公交服务水平的最直接的衡量标准。公交线路及换乘查询系统主要是利用GIS技术,对城市公交的所有线路经停站的信息进行查询,同时结合最短路径理论为乘客提供优化后的最佳换乘方案。系统为乘客提供多种查询方式,如计算机网络、触摸屏、语音电话及静态公交线网图等,这样保证了绝大多数人群在出行前和出行的过程中都能采用不同的方法获取到所需要的相关信息。

(2)公交票价查询系统:主要是为乘客提供公交两站点之间的票价及售票方式等方面的信息。系统结构相对简单,主要采用数据库技术,但是应注意对数据的及时更新。系统的使用主要针对采用按乘车距离收取不等车费的多票制公交线路,而对于采用一票制的公交线路,在公交站台和公交车辆的显著位置注明收费标准即可。票价查询系统的查询方式与公交线路及换乘查询的方式大致相同,因此在查询终端的设计时,可以把两者进行融合。

(3)公交运行情况查询系统:公交运行情况指的是公交车辆到站时间及所处空间位置、车辆拥挤程度等实时信息,信息的时效性强,需要随时更新,滚动发布。公交运行情况查询系统的系统构造相对复杂,主要采用GIS和GPS技术相结合来实现对车辆定位和到站距离、时间的确定。信息的服务对象主要为正在站台候车的乘客,因此,信息查询地点也主要为路边和公交车站台,在信息发布的方式上以可视面较大的电子显示牌为主,这样能够让所有的候车乘客随时了解相关信息。

2)信息发布方式

近几年,随着智能公交系统、无线通信网络和互联网的不断改进,公交乘客信息发布方式也得到快速的发展。公交企业根据公交信息不同分类,采用不同形式信息发布方式,以满足不同类型乘客对出行信息的需求。其中主要发布形式如下:

(1)互联网

随着网络技术的进步,公交车的大部分乘客信息都能以互联网的方式向乘客发布。公交企业拥有的信息结合网络地图开发企业和门户网站形成一种新的互联网公交信息服务,而且网站提供的信息发布形式多样,有文本、地图、视频和音频等多种方式,查看信息更加直观,使公交信息得到最高效的使用。公交企业结合网站电子地图,可以提供出行前线路选择、时间选择和换乘选择,为乘客提供更全面的优化出行信息。

(2)电子显示标志

其中包含了公交车上的电子显示屏和站点的电子显示屏。电子显示屏主要优势在于可以滚动地显示不同类型的信息,出行中的所有动态信息和大多数静态信息都是以电子信息显示,这种信息提供方式直观,调度中心对其控制也方便。这种信息提供方式可以在全程为乘客提供所需信息。

(3)可变情报板

智能交通的发展,让城市中的可变情报板的分布越来越多,利用存在的可变情报板进行公交信息发布,是对城市资源的充分利用,为广大出行人员带来方便。可以通过可变情报板发布的动态信息,如道路状况、事故情况、车内温度、下一个到达站点和天气状况等信息。可变情报板发布的是有关前方线路状况和当前车内状态的信息,乘客可以根据可变情报板的信息对自己的出行计划做及时的调整。

(4)移动通信终端

现在很多城市已经推出了相关手机应用来获取公交信息,服务十分灵活方便,基本可以做到随时随地,还可以自由定制所需要的信息服务。

除以上几种主要方式之外,还有触摸屏、无线广播、交通地图等发布信息方式。

总体上看,公交乘客信息系统通过对智能公交信息的智能处理和集成共享,最大化利用所有信息,为出行者提供最优质的出行服务。随着计算机和通信技术的不断进步,未来还会出现更多种公交实时信息的采集技术、智能化的信息处理方法和更多动态信息的发布方式,这样才能保障智能公交系统的高效运行。

复习思考题

1. 比较不同公交运营组织方式的特点与适用条件,有哪些措施可以改进公交服务的衔接性?

2. 利用表8-1数据,采用基于跟车调查的客流断面分析方法(方法3和方法4,并设定限制超载线路比例不超过30%)确定该公交线路高峰时段的发车频率和发车间隔,并选择一种方法编制高峰时段的运行时刻表。

3. 查阅资料,结合个人出行体验,分析公交乘客信息在改善公交服务中可能发挥的作用。

第 9 章
城市公共交通的票制票价和补贴机制

9.1 概　述

　　公交票价是乘客获取公共交通服务时支付的费用,票制是对票价结构整体上的安排。公交的票制票价是吸引乘客的一个重要因素,同时作为公交系统运营的一个基本要素,也影响着公交企业的财务状况。制定公共交通系统的票制票价时主要考虑三个基础目标:目标一是吸引最大数量的乘客;目标二是公交企业收入最大化;目标三是满足城市发展中的一些特定的目的,如增强通勤通学人群或老年人群的公交出行意愿,提高一定区域的机动性和可达性,促进更有效的公交方式的使用等。

　　制定公共交通系统票制票价时通常还需考虑以下因素:

　　(1)需求弹性。在一定的票价水平上,服务质量以及与之竞争的出行方式的价格会影响乘客选择公交出行的意愿。

　　(2)公平性。乘坐公交的出行距离、慢车或是快车、舒适度、安全保障等不同乘客群体得到的不同服务价值与其付出的费用之比的公平性,也是一个重要因素。

　　(3)合理性。不同人群的服务需要及其支付能力等社会政治方面的要求。

(4)便利性。票价类型应使费用支付和收款过程简易、低成本、可控制。

很显然,由于存在相互冲突,所有上述目标和要求不可能全部达到最优。特别是对于目标1和目标2尤其明显:最大化吸引乘客量的大多数情况要求提供低票价服务,而低票价将导致比高票价情况下更少的收入,因此,必须在乘客吸引量最大化和企业收入最大化之间寻找平衡。其他目标要求之间存在类似的妥协和权衡。制定票制票价时就需要对上述目标和要求进行综合分析权衡。

如何权衡上述目标和要求,在具体城市的实践中是政府决策考虑的问题。在我国优先发展城市公共交通、创建公交都市与交通发展战略导向下,相对于企业收入最大化或运营收支平衡这样的目标,最大限度地吸引客流,增加居民出行可达性和就业机会,减少交通拥堵,使城市更宜居宜业则是更为重要的。因此,公交企业可以从政府获得包括基础设施投资和部分运营成本的公共资金支持,因而,多数城市已不再仅仅以收入最大化为目标,也涉及与之相关的其他目标,定价中通常考虑公交企业在获取一定公共财政支持条件下收回运营成本。但是在不引起客流大量流失的情况下,保持与服务质量和运营成本相当的票价水平是必要的。如果完全不考虑收入目标,则可能导致公交企业走向另一个极端:运输效率低下而且极度依赖政策支持,长此以往,必将导致服务质量退化及财务危机。

公共交通的票价票制和与之相关所提供的公交服务质量以及缴费的方便性都极大地影响着人们使用公交的意愿和行为,并影响到公交系统运营效率。实际上,城市公共交通票价票制和与之密切相关的公共财政补贴政策是运用价格杠杆来影响乘客、公共交通企业和政府的决策行为,寻找公共财政支出、企业经营成本、市民承受能力三者的最佳平衡点,从而促进公共交通系统效益最大化,最终实现公共资源的利用效率和社会环境效益最优。

本章简要介绍公共交通票制的分类及制定规则、定价原则与调价机制、成本核算与补贴机制等内容。

9.2 票制的分类及制定规则

9.2.1 票制分类

公共交通票制可以从收费结构、乘客类型、需求频次等角度加以区分。

1)按收费结构区分

以收费结构区分制定的票制主要有一票制和累进制两种形式。所谓的一票制,指乘客的支付与乘坐距离无关,收取单一票价,规定持票人乘坐公共交通工具根据票面价格按次计算。一票制常见于运营里程较短的公共汽电车,我国城市的许多公交车收取1元、2元等不同额度的单一票价。所谓累进制,指票价中存在一个基础费用,可以乘坐一个相应的基础里程,超出此基础里程,需根据超出部分支付额外费用。累进制常见于轨道交通和部分长线路公共汽电车的收费中,例如上海轨道交通现行票制起步费为3元,可以乘坐6km的基础里程,超出此基础里程部分,以10km为一个单位,累进收费。单一票制具有售票简单、效率高的优点,但同时也存在公平性不足的问题;累进票制克服了单一票制的缺点,但手续较为繁琐,有时还需为此配备额外的人员以及设备。

2）按乘客类型区分

以乘客类型区分的公共交通票制,首先要对乘客进行类型划分,划分的依据不尽相同,可以按照职业(或者社会身份)划分,也可以按照年龄划分,形成不同的乘客群体之后,再安排相应的票制,从而促成社会整体福利的改善,体现公共交通的公益性。如按年龄,可以划分为青少年票、成年人票、老年人票等;按乘客的社会身份,可以划分为学生票、军人票、残疾人票等。上述两种票制可以同时使用,以北京为例,按社会身份划分,有学生卡和普通卡之分;按年龄划分,有成年人票和老年人票之分。

3）按需求频次区分

不同乘客对公共交通的需求不同,可以根据需求的时间特征安排日票、月票、季票、年票等,也可根据乘坐次数特征安排特殊类型的票制,例如10次票、20次票等。上述票制的一个优势是消费者可以根据自身需求特点自由选择。

从上述三种主要的票制划分类型来看,票制可以通过多种形式进行组合,来满足不同类型的出行需要。世界上许多公共交通发达的城市,已建立起由公共汽电车、地铁、城铁等多种公共交通方式组成的四通八达的服务网络,并同时为乘客提供多样化、人性化的购票选择。例如,在伦敦使用Oyster卡乘坐公共交通工具十分便宜,并实行不同的票制,既有按地区划分的票价(伦敦从市中心往外分6个区域,由此分为1个区价、2个区价至6个区价);也有按时间划分的票价(如日票、周票、月票及年票);还有按年龄划分的票价[成人票,儿童票(5～15岁),5岁以下儿童搭乘地铁、公交车免费]。每类票既区分高峰时段和非高峰时段(高峰时段是指除公众假期外周一至周五的06:30—09:30,其他时段为非高峰时段),非高峰票要比高峰票便宜很多,也区分学生票和非学生票(本地学生凭借学生证,非本地学生凭借国际学生联盟卡),学生票比普通票便宜一半左右。

公共交通系统采用何种票价制式,首先是基于经营方面的考虑,但还与售检票方式有一定的联系。自动售检票方式是公共交通系统采用多种不同票价制式的基础。

我国公共交通票制也正朝着有利于社会公众的方向调整。例如,上海世博会期间,上海地铁推出了"一日票",该票种介于单程票和"一卡通"储值票之间,每张定价18元,可在24小时内任意次数乘坐轨道交通,为世博游客提供了出行上的方便。再如,昆明市为了落实公共交通优先,实施了以公交IC卡收费为核心的票制改革,推出了普通卡、优惠卡、学生卡、爱心卡等种类,以满足和丰富居民出行需求,详见表9-1。

昆明市票制改革 表9-1

票制	描述
普通卡	持普通IC卡享受9折优惠
优惠卡	优惠卡发放对象为70岁以上老人和持昆明市人民政府颁发的"特困职工优惠证"的群体,办理"优惠卡"刷卡乘车享受6.5折优惠
学生卡	学生卡发放对象是昆明市教育局核准的全日制中小学生,办理"学生卡"享受3折优惠
爱心卡	爱心卡发放对象为昆明市的盲人、下肢残疾人、残疾军人,乘坐公共交通工具时给予免费

相比国外公共交通体系成熟的城市,我国公共交通票制依然存在着一些不足之处,具体体现在:现在票制较为单一,提供给乘客的选择不多;票制调整大多体现为向特殊群体提供优惠,较少利用票制的经济属性调节公共交通客流。

9.2.2 票制的制定规则

公共交通作为现代城市生活的一项基础性服务,其需求弹性较小而社会敏感性较高,在公共交通票制的制定过程中,需要充分考虑经济发展水平、社会价值取向、城市交通整体规划以及实施技术条件等因素。

当城市总体规模较小,公共交通还未成长为一种普遍性的公众需求,表现为线路较少且个体需求频次较低时,倾向采用低价的单一票制。

随着社会经济发展水平的提高,城市规模逐渐扩大,产生了对多样性票制的可选择性需求,在此,社会价值取向成为影响票制安排的主要因素之一。通常公益性被放在重要位置予以考虑,因此在低票价的同时,也会根据乘客群体特征、乘坐时间特征等安排各种形式的票制减轻公众交通出行的费用负担,以体现公共交通的公益性。

当然,票制的安排需要符合城市交通总体发展规划。特别是在城市道路资源紧张、交通拥堵问题严重的今天,需要不断提高城市公共交通出行分担率,而票制的设计在其中又扮演了重要角色。

此外,票制的执行还受技术水平的制约,随着信息技术、网络技术等飞速发展,多样化票制的执行在技术上拥有了强大的支撑和保障。在制定票制的过程中,除了要考虑上述这几方面的影响因素,还需要重点考虑以下三个规则。

1) 形成合理的比价关系

制定票制时,要考虑形成一个合理的比价关系,这种比价关系不仅仅要体现在公共交通系统内部,还体现在与其他出行方式之间的关系。在公共交通系统内部,要合理界定常规公共交通、快速公交(BRT)、轨道交通和其他公共交通方式之间的比价关系,做到能够满足不同层次人群出行的需要,促进公共交通分级体系建设,并且使公共交通资源效益最大化。

2) 体现公共交通换乘的便捷性

通过一次公共交通出行就达到出行目的是出行者的普遍愿望,但是随着城市规模的增加,出行量大面广,为提高公共交通系统的服务质量和效率,在公交线网设计中必然会考虑必要的换乘,而如果采用的票制不合理,将使乘客每一次换乘都会增加出行成本。因此,在制定票制时,可以通过免费换乘或换乘优惠等制度,并辅助合理的换乘线路时刻表衔接,使乘客出行换乘便利,这样就达到了通过科学的票制提高公共交通服务水平和吸引力的目的。

3) 适应多样化的乘客出行需求

为乘客提供多样化的购票选择,满足多样化的乘客出行需求,是票制制定的又一个重要规则。与国外的公共交通票制体系相比,我国的车票种类很少,大部分城市票制仍有很大提升空间。在设计票制时,应当从乘客需求出发,尽量为乘客提供个性化服务,进而提高公共交通出行的吸引力。

9.3 定价原则与调价机制

9.3.1 定价原则

科学合理的公共交通票价是保障企业正常运营、调节不同交通方式客流需求、促进公共交通行业可持续发展的重要条件。通常情况下,公共交通企业要维持正常运营,就必须保证收支平衡且略有盈余,而公共交通票款收入又是公共交通企业的主要收入来源,因此,票价水平与政府补贴是紧密相连的。不同的公共交通经营模式,票价制定的方法也不尽相同。

我国城市公交现行定价的主要模式是:公共交通由城市公共交通行业管理机构定价,由企业严格执行。城市公共交通定价是以"低价、补贴"为原则的,这是因为公共交通服务作为社会公众的一项日常需求,其价格具有较强的社会敏感性,实施低价策略可以促进公共交通实现普遍服务的目标,有利于引导公众出行选择公共交通方式,提高公共交通的出行分担率。城市公共交通票价由经省(自治区、直辖市)人民政府授权的市、县人民政府,或者省(自治区、直辖市)人民政府价格主管部门会同同级财政部门、城市公共交通管理部门根据运营成本等因素制定。制定城市公共交通票价时,充分体现社会公益性事业特征,综合考虑各方面因素,通过价格听证会确定公众可接受、企业可发展、财政可负担的城市公共交通价格,并根据车辆档次、服务质量、乘车距离等建立多层次、差别化的票价体系。

在公共交通行业,当私营部门介入交通服务供给时,政府部门可采取不提供补贴,企业自主定价并接受政府监管的模式。香港是世界上为数不多的非公营企业来提供城市公共交通服务的城市之一,1993年起实行私人经营、政府监管的公共交通运行机制,公共汽车业务由私人企业经营、自筹资金、自负盈亏,但线路专营权、票价、利润水平、服务规范、购车数量等均需接受政府的监管。在该机制下,私人公共交通企业在政府的票价、利润水平等管制约束下可以通过一定的程序自主确定票价,目前香港的公共交通企业大都保持了良好的运营效率,在为公众提供高质量的公共交通服务的同时实现了一定的合理利润。

事实上,无论是否存在公共财政补贴,公共交通企业提供既定的服务,成本可以认为是一定的,要使企业可持续运营,其成本必须得到补偿。两种模式相比较,后者体现了"效率",即乘客按享有的交通服务进行直接支付,而前者更多体现了"公平",部分成本通过公共财政来进行补偿,从而间接实现了公众收入的再分配。如政府要求执行低于成本的价格,公交企业获得的票款收入和其他经营性收入不足以涵盖企业运营开支时,政府应对执行低票价给予相应补贴。同时,要建立公共交通票价与企业运营成本和社会物价水平的联动机制,根据城市经济发展状况、社会物价水平和劳动工资水平,及时调整公共交通票价,以避免票价多年不变或票价水平严重脱离运营成本的现象。总的来看,票价制定的基本原则是成本定价,同时要兼顾乘客的接受程度和政府补贴的承担能力。

9.3.2 调价机制

公共交通票价调整机制与定价机制有着密切联系,由于公共交通企业的各项成本费用随着时间的推移会产生变化,在一个固定的"价格+补贴"框架下,企业会形成亏损或者产生额外利润,因此需要建立一套有效的价格调整机制对此进行调节,以保障公共交通企业的合理成本得到补偿并维持其可持续运营。

一些公共交通管理体系成熟的城市,已建立起科学有效的票价调整机制,该机制将消费者物价指数(CPI)、工资水平、技术进步率纳入统筹考虑,对票价进行动态调整。例如,香港的巴士公司可申请提价,但必须先提出提价的理由。提价的幅度依照"$0.5 \times$运输业界工资指数变动$+0.5 \times$综合消费物价指数变动$-0.5 \times$生产力增幅"这一公式计算确定。该调整公式全面反映公共交通企业面临的成本环境变化,并使公众分享企业技术进步带来的好处。类似的,新加坡政府将公共交通票价与经济发展、工资水平和生产力挂钩,并且公共交通委员会将位于总抽样量21%~40%区间的中低收入家庭作为一般乘客代表,评估票价涨幅是否合理,力求将运营公司的生产力进步收益转移给消费者。

成本监审是公共交通行业定价调价以及实施补贴的依据所在,根据《中华人民共和国价格法》《政府制定价格成本监审办法》等有关规定,我国一些城市的相关管理部门纷纷制定了公共交通企业的成本监审管理办法。在这些办法中,普遍明确了公共交通企业的成本费用构成内容以及监审办法,建立了公共交通企业成本费用评价制度和考核体系,对建立科学、合理的公共交通定价调价及补贴机制起到了积极作用。但是由于缺乏可参考的历史成本数据,以及传统的监审程序存在的成本虚报等问题,目前的公共交通企业成本监审管理办法还有待完善。运用信息化手段,借助专业的成本监审核算软件,建立行业成本数据库等措施可以有效提高公共交通行业的成本监审的客观性及行业管理效率。

9.4 成本核算

9.4.1 公共交通行业成本核算内涵和特点

公共交通成本核算既是票价制定的参考依据,也是公共交通亏损补贴的参考依据,是将票价与补贴紧密关联起来的纽带。公共交通企业成本核算一般采用二级成本核算、三级成本控制的模式。公共交通企业总成本是指完成一定数量的乘客运输任务而发生的一切费用、支出总额,包括运营成本和期间费用两大部分,各分公司对运营成本和管理费用进行核算,集团总公司将分公司管理费用进行汇总并加计集团公司本身的管理费用。

(1)运营成本。主要运营成本项目包括:职工工资、职工福利费、燃料费、电车动力费、车辆修理费、车辆折旧费、线网维修费、行车事故费、运营业务费、运营间接费,涵盖了企业所发生的实际运营业务成本。其中成本项目中的职工工资、职工福利费、燃料费、车辆修理费、车辆折旧费占总运营成本的比例高,是影响运营成本的最重要的五个成本项目。

(2)期间费用。在会计核算上将管理费用和财务费用作为期间费用,在利润表中单独列示。管理费用是指企业的各级行政管理部门为管理和组织运营生产活动而发生的各项费用,主要包括六项:管理人员工资、管理人员福利费、生产业务费、行政管理费、税费以及包含职工教育费用、工会会费等在内的其他管理费用。财务费用是指企业为筹集资金而发生的各项费用支出,一般情况下,公共交通企业的财务费用主要是用于购车的贷款所发生的利息支出。

由于公共交通行业不创造实物产品,不存在劳动对象方面的消耗,其运营成本构成中没有原材料支出,主要是由运输工具和运输设备的折旧费、修理费、燃料费、人工成本和运营间接费用构成,其成本核算的特点主要包括:

(1)成本核算的非盈利性。城市公共交通行业的基本定位是公益性企业,因此,其成本核算具有不同于一般企业盈利性成本核算的特点。

(2)成本核算的外部性。城市公共交通企业的成本受到企业外部影响因素的制约较大,如政府政策、社会要求、道路状况、交通设施等因素的影响。

(3)成本核算的社会性。城市公共交通企业的成本核算具有社会性影响,受到政府和社会各界的广泛关注,同时,其内部成本的提高可以直接降低社会成本,如社会环境成本、市民生活成本等。

(4)成本核算的地域性。城市公共交通企业具有典型的地域性特征,不同的城市规模、不同的道路条件、不同的工作水平、不同的车辆水平、不同的城市道路行驶速度等,对公共交通企业运营成本都产生了极大的影响。同时由于各地经济社会发展的不平衡,公共交通企业的成本水平也不完全具备可比性。

9.4.2 公共交通行业成本核算标准

公共交通行业成本核算标准,包括成本核算模式、成本核算对象、成本核算项目、成本管理措施等一系列的内容。具体包括:

(1)不同的公共交通经营模式具有不同的成本核算目的。在市场化运作模式下,成本核算的主要目的是最大限度地节约成本,提高企业效益,为股东提供高额回报。而在公益化运作模式下,成本核算的主要目的是确定合理的票制票价,为政府财政补偿补贴提供依据,并以提升服务质量为根本目的。

(2)在存在多家运营企业的情况下,无论是市场化运作还是公益化运作,都必须由城市公共交通行业管理机构统一规范行业成本标准,以利于政府对公共交通企业的监控和经营状况的评价。

(3)确定公共交通企业的合理成本标准,并不是公共交通企业的最低成本,而是由行业主管部门制定的既符合国家统一会计制度和财务制度要求,又符合企业实际情况,并且满足公共交通企业可持续发展的成本标准。

(4)合理成本标准必须考虑公共交通企业所处的社会经济环境和地理环境,不同城市交通条件、社会经济发展状况决定了不同公共交通企业经营成本的差异。

合理成本核算的原则包括:

(1)合法性原则。合理成本的核算必须符合国家法律、法规的规定,符合会计准则、国家统一会计制度的要求。

(2)合理性原则。合理成本既不是实际成本,也不是估计成本,而是在合法的前提下,在成本核算基本理论的框架下,运用一定的科学、合理的方法预测的成本。构成合理成本的各项主要技术、经济指标应当符合行业标准或社会公允水平。

(3)相关性原则。合理成本是与城市公共交通运营相关的成本,构成合理成本的各项费用要素必须与城市公共交通紧密相关。凡与城市公共交通无关的费用,不得作为合理成本的组成部分。

(4)适用性原则。合理成本必须能够满足相关各方的要求,满足政府对公共交通企业管理的需要,满足社会各界对公共交通企业监督的需要,满足公共交通企业加强成本核算和成本管理的需要。

成本核算对象是各种费用的归集和计算对象。根据成本核算一般原理,不同企业、不同生产类型和不同的生产组织方式,都对成本计算对象的选择产生较大的影响。公共交通企业作为提供运输劳务的企业,其成本核算不同于一般企业,成本核算对象也不同于有形产品生产的成本计算对象。根据公共交通企业的特点,公共交通企业成本核算对象一般为车公里,并将客运人次作为辅助成本核算对象,核算单位人次成本。

合理成本核算方法是在企业提供的成本资料的基础上,对相关项目进行分析,结合一定的标准、定额、预算以及其他应当发生的合理支出等资料,通过账外计算成本而形成的一种成本核算方法。

企业的合理成本应每年度核定一次。可以用企业合理成本报告的形式体现。它应由企业的财务部门提出报告草案,以企业的名义呈报地方政府的相关部门审查,报告草案经各部门初审后,由城市公共交通行业管理机构负责组织各相关部门参加,进行共同审议并会签,经会签被确认的合理成本就可作为地方政府向该企业进行补贴补偿测算的依据。所以要对公共交通企业实际成本进行核定,主要是要使其符合标准的要求,一方面体现国家对公共交通企业的扶持,另一方面又兼顾社会的分配公平。

由于各类城市公共交通方式的生产特点不同,交通工具与其配套设施也不同,因而成本项目的名称各异。在设计企业合理成本项目名称时,应与现行的企业生产成本计算表所规定的项目名称相一致,或以其为主体进行设计。其总的原则是成本项目在构成上能够反映企业生产经营支出的全貌。

9.5 补贴机制

城市公共交通作为城市生产的社会共享资源之一,其经营活动具有鲜明的二重性。城市公共交通行业既具有生产性质又具有公益性质。政府对公共交通提供政策性亏损补贴是为了适当降低票价吸引乘客乘坐公共交通,以取得整体经济效益和社会效益最大化的一种经营策略,这种策略诱导个体交通转换为公共交通以提高公共交通吸引力。补贴的多少则与票制票价和成本有关,为此要建立公共交通票价与企业运营成本和社会物价水平的联动机制,根据城市经济发展状况、社会物价水平和劳动工资水平,及时调整公共交通票价和补贴额度,真正实现政策性补贴带来的社会经济效益最大化。

城市公共交通补贴政策和制度是实施公共交通补贴的参考依据,我国各级政府非常重视城市公共交通补贴制度建立和财政扶持政策的出台。《国务院办公厅转发建设部等部门关于优先发展城市公共交通意见的通知》(国办发〔2005〕46号文件)等相关文件,明确提出了规范城市公共交通补贴制度。

下面根据我国城市公共交通发展的实际情况,简要介绍两种补贴机制。

9.5.1 基于成本规制的补贴机制

城市公共交通实行低票价政策,以最大限度吸引客流,提高城市公共交通工具的利用效率。由于公共交通的低票价由城市人民政府根据城市财力,以及居民出行需要确定,导致城市公共交通企业因低票价而亏损。为了维持公共交通企业的可持续生产,城市人民政府对公共交通企业实施低票价补贴,例如:深圳市采用成本规制的补贴方法。但在这一机制下,由于在企业的收入和成本中,难以分清经营性与政策性业务,要核定低票价造成的企业亏损额,就面临着难以界定经营性亏损与政策性亏损的问题。这一问题,也正是目前公共交通补贴机制中的一个世界性难题。

基于公交成本规制补贴模式的问题主要有：

（1）公交企业管控成本、增收节支、主动响应需求动力弱化。由于实行基于成本规制的公交补贴机制，只考核成本、不考核营收，客观上形成了企业"不关注营收，却做足规制成本"的负向激励，导致企业做足做大规制成本有利可图、扩大营收与利无关、节约成本10%（经测算）以内无利可图，增收节支缺乏动力。

（2）财政补贴年增长率高，补贴负担较重。以深圳市为例，2008—2011年，公交车辆数增加40%、客运量增加46%、原特区外覆盖率增加30%，同时财政补贴年均增长超过35%，在当前财政资金有限情况下，财政负担日益沉重。

（3）主管部门行业监管手段缺乏。由于公交行业全面亏损，公交线路失去市场资源价值，企业对线路资源失去兴趣，市场调控之手失灵。

9.5.2 面向乘客的直接补贴机制

为克服基于低票价和公交成本规制补贴模式存在的问题，近年来在深圳等城市公交经营管理实践中，研究提出了面向乘客的直接补贴机制，主要包括基于乘客票价的直接补贴、基于多层次公交服务的差异化公交补贴。

1）基于乘客票价的直接补贴

通过建立基准票价反映运营成本，对基准票价和现行票价之间的差额部分给予财政补贴，实现由补贴企业成本向直接补贴乘客票价转变，让市民真正得到实惠。同时，由于企业利润与客运量相关，可激励企业增收节支、提升服务质量。

$$公交财政补贴 = 全年客运量 \times 模拟基准票价 - 实际票款收入$$
$$= 全年客运量 \times (模拟基准票价 - 实际运营票价)$$

通过票价直补，给予社会特殊群体和困难群体公交补贴（如老年人、残疾人、学生、伤残军人等实行免费或优惠乘车）。

由于不同地区不同类别的公交线路经营的盈亏状况不同，公交基准票价应有所区别。可由专业机构根据每家公交企业的成本和客流量，测算其模拟基准票价，并对不同的公交企业基准票价进行公开对比。

2）基于多层次公交服务的差异化公交补贴

满足不同社会群体多样化的出行需要，应建立多层次公交服务。基于不同群体的不同服务，实行差异化票价和差异化公交补贴政策。一般应区分基本公交服务和品质化公交服务。总体而言，基本公交服务提供出行的基本可达性，由政府提供保障并给予补贴；品质公交服务作为高端服务替代小汽车出行，则以市场化运作为主。

基本服务体现社会基本公益性，为没有个体机动化交通工具，或者依赖步行和公共交通方式出行的市民，所提供的最低限度的通达性与移动性服务。基本服务还可缓解人口稠密地区的道路交通压力，提升公共交通的竞争力。

品质服务是相对于基本服务而言，可竞争、可替代的市场化的公共交通服务。基本思想是替代小汽车作为主要交通方式，公交公司提供一个乘客愿意支付含企业利润的公交服务，通过高品质的、大众运输方式以减少居民出行的小汽车依赖、促进城市可持续发展。

9.5.3 典型城市公共交通补贴案例

1) 深圳市公共交通行业补贴

深圳市公共交通改革走在了全国前列。自 1993 年起,深圳市就开始实行大巴专营,规定其年利润率为 10%;1998 年改为为期 3 年、每年 1000 万元的政府专项补贴;2001 年取消补贴后,政府对专营公共交通投入仍在继续,如:场站建设、车辆更新投入、发动机改造专项补贴、出境巴士接驳专营权的授予;2004 年开始每年提供 600 万元的老人乘车优惠补贴;2005 年第四季度又推出油价补贴等。

"十一五"期间,为实现公共交通分担率 60% 的目标,深圳在线网建设(BRT 系统建设)、公共交通运力的补充与更新、场站设施建设、公共交通智能化建设、公共交通专用系统建设等公共交通事业方面投资 114.56 亿元。根据深圳市政府制定的公共交通规划,公共交通财政扶持政策主要有:

(1) 在公共交通区域专营模式下,通过线路的优劣搭配经营,尽可能实现盈亏平衡,政府有针对性地实行公共交通财政补贴。

①政府负责筹资建设公共交通基建设施(包括轨道、客运枢纽等大型基建以及公共交通首末站、专用道、停靠站等设施建设),而设备成本(车辆等设备的购买与保养)和运营成本(燃油费、员工工资等)由企业承担。

②公共交通企业因承担社会福利(老年人、儿童、残疾人、伤残军人等免费或优惠乘车)而增加的支出,由政府给予经济补偿。

③为特区外偏远地区、公共交通低需求地区提供财政补贴,培育特区外公共交通市场。

④轨道交通运营初期,为培育客流,支持轨道交通的发展,政府应给予财政扶持。

⑤制定全市统一的公共交通财税优惠政策,对营业税、燃油税、车辆购置税以及车辆运营涉及的养路费、客运附加费、运管费、高速公路收费等税费项目应给予适当优惠或减免,降低企业经营成本,减轻企业的经营负担。

(2) 积极研究和探索建立公共交通发展专项资金的途径和方向,拓宽公共交通补贴资金来源。公共交通发展专项资金可考虑通过征收私家车燃油税、停车费、城市建设维护费,返还企业营业税和所得税等渠道筹集。

(3) 建立完善的公共交通补贴评价和监管制度。研究制定公共交通补贴评价指标体系,将公共交通补贴与服务质量联系起来,明确公共交通补贴的目的;建立有效的公共交通补贴监管机制,公共交通补贴要专款专用,充分发挥公共交通补贴的效益。

2) 新加坡公共交通行业补贴

新加坡拥有目前世界一流的公共交通系统,其先进的公交发展模式对于我国城市公交发展具有很好的借鉴意义。新加坡公共交通实行的是多方式区域专营方式。其将整个城市划分为两个区,分别由两家上市公司(SMRT 和 SBS)各自经营专营区内的公交服务,区间服务由双方共同提供。

(1) 明确的职责分工

公共交通补贴不是盲目、无限度的。明确政府与企业之间的职责分工是进行公共交通补贴政策正确制定的第一步。新加坡公共交通管理机构职责分工明确,如图 9-1 所示,政府部门只有陆路交通管理局(LTA)负责宏观政策和策略的规划,并审批营运公司的服务发展建议。

公共交通管理委员会(PTC)是由政府指定的独立主体,但不受政府的直接控制,其职能是负责规范管理和监管公交服务及票价,对于不同运营商提供的服务进行评价,如果服务达不到要求,就收回其专营权。在新加坡这种高效的公共交通管理模式下,促进了轨道与常规公交一体化的融合,同时又保证了适度的竞争,为居民提供良好的服务。

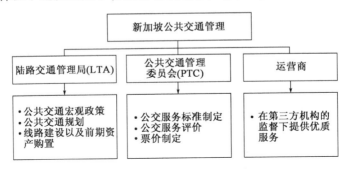

图 9-1　新加坡公共交通管理框架

新加坡政府由陆路交通管理局筹措资金保证公交基础设施建设以及前期设备购置费用,基本出发点为:所有审批修建的线路票价收入必须要平衡成本,并且票价对于乘客是可接受的,乘客通过支付能够抵得上运营成本和后期运营资产折旧费用。除此以外,并不对两家公交运营公司进行直接补贴(营运服务和设备更新成本),而是通过自负盈亏的形式提供公交营运许可。但总体上,公交营运却是可盈利的状态,这是与其票价设置和公交优先政策、公交吸引力分不开的。

(2)具有吸引力的票价

新加坡交通发展白皮书对于票价提出了三个原则:一是票价必须合理,并允许周期性调整以适应正当的成本增加;二是通过正确制定票价确保收回运营成本,这点适用于所有项目;三是需要一个可持续的运营设备更新政策,即每代人为自己能享受的服务和设备(消费)埋单。

公交票价的制定充分考虑乘客的承受能力,相对低廉。新加坡公交票价远低于国际上几个大都市的票价水平,新加坡每次乘坐 MRT 的平均费用不到 1 元新币,而即使公交票价相对低廉的香港也要高出50%以上,伦敦更要高出近 2 倍;新加坡每次乘坐巴士的平均费用不到 0.7 元新币,香港则要高出80%,而东京更高出180%。同时,为了鼓励居民使用公共交通,新加坡提供了换乘优惠、里程优惠、错峰出行优惠等措施,保持票价的吸引力。

票价上涨充分考虑市民承受能力。最重要的原则之一就是保持票价与可支配收入之比相对稳定,根据家庭收入增长的实际情况,动态调整票价,按照优质优价的原则,完善多元票制,满足不同服务水平档次的交通需求。

(3)政府调控效果显著

政府采用高税制手段控制私人车辆的增加,如对进口汽车征收很高的进口关税,私家车购买者必须办理"拥车证",其价格比汽车价还贵一倍,其他各种证件手续费也都非常昂贵。公交优先通行权通过违规者较高的罚款得以保证。新加坡的公交系统提供一流的服务质量具有很高的吸引力。公共汽车作为新加坡服务范围最广的交通工具,线路几乎延伸到了全国的各个街区。布设于大型居住区内部的公交中心站、设置有空调的候车室等细微人性化设计大大地提高了公交吸引力。智能化程度较高的公交系统为居民提供了非常方便快捷的服务等。此外,政府通过公共交通管理委员会对两家公交公司的运营服务表现定期开展非常详细的监管调查,保证了公交公司能够提供期望的优质服务。

总结新加坡公共交通行业补贴案例,可以得到以下三点启示:

①新加坡公共交通管理由政府(公共交通管理局)、运营商以及第三方机构(公共交通管理委员会)共同管理,明确了各方的职能,为制定合理的公共交通补贴政策打下良好基础。

②公交补贴不是无限度的,政府需制定科学的补贴政策。新加坡在规划层面就强调了线路的"造血能力";明确指出线路的票价收入必须能够平衡运营成本。政府只负责线路的建设以及前期相关设备的购置,运营商在第三方机构的监督下提供优质的公交服务,依靠票价收入平衡运营成本并获取利润。

③采取具有吸引力且相对灵活的票价。票价制定充分考虑居民承受能力且相对低廉,极具吸引力;同时票价并不是一成不变的,应考虑乘客的承受能力进行灵活调整,并且更好的服务对应于更高的票价。

复习思考题

1. 城市公共交通票制票价制定的目标和需要考虑的主要因素是什么?
2. 城市公共交通定价和调价应遵循哪些基本原则?
3. 基于成本规制的补贴机制和面向乘客的直接补贴机制各有什么优缺点?试结合案例分析不同补贴机制的适应性。

参 考 文 献

[1] 中华人民共和国住房和城乡建设部.城市公共交通分类标准:CJJ/T 114—2007[S].北京:中国建筑工业出版社,2007.
[2] 中华人民共和国住房和城乡建设部.城市公共交通工程术语标准:CJJ/T 119—2008[S].北京:中国建筑工业出版社,2008.
[3] 中华人民共和国住房和城乡建设部.城市道路公共交通站、场、厂工程设计规范:CJJ/T 15—2011[S].北京:中国建筑工业出版社,2012.
[4] 江苏省住房和城乡建设厅.江苏省城市公共交通规划导则[M].南京:江苏省人民出版社,2012.
[5] 中华人民共和国住房和城乡建设部.快速公共汽车交通系统设计规范:CJJ 136—2010[S].北京:中国建筑工业出版社,2010.
[6] 交通运输部道路运输司.城市公共交通管理概论[M].北京:人民交通出版社,2011.
[7] 郭亮.城市规划交通学[M].南京:东南大学出版社,2010.
[8] 罗伯特·瑟罗夫.公交都市[M].宇恒可持续交通研究中心,译.北京:中国建筑工业出版社,2007.
[9] KITTELSON & ASSOCIATES, PARSONS BRINCKERHOFF, KFH Group, et al. Transit capacity and quality of service manual(TCQSM)[M]. 3rd ed. Washington, D.C.: Transportation Research Board, 2013.
[10] 交通运输研究委员会.公共交通通行能力和服务质量手册[M].2版.杨晓光,译.北京:中国建筑工业出版社,2010.
[11] 维坎·维奇克.城市公共交通运营、规划与经济[M].宋瑞,何世伟,译.北京:中国铁道出版社,2012.
[12] 汪光焘,陈小鸿.中国城市公共交通优先发展战略——内涵、目标与路径[M].北京:科学出版社,2015.
[13] 王炜,杨新苗,陈学武.城市公共交通系统规划方法与管理技术[M].北京:科学出版社,2002.
[14] 王炜,陈学武.交通规划[M].2版.北京:人民交通出版社股份有限公司,2017.
[15] 陈学武,李海波,侯现耀.城市公交IC卡数据分析方法及应用[M].北京:科学出版社,2014.
[16] 王好煲.基于服务可获性的公共交通规划指标研究[D].南京:东南大学,2015.
[17] 左快乐.基于IC卡数据的不同时间层次公交客流预测方法与应用研究[D].南京:东南大学,2016.
[18] 张泉,黄富民,杨涛,等.公交优先[M].北京:中国建筑工业出版社,2010.
[19] 杨涛,陈阳.城市公共交通优先发展的目标与指标体系研究[J].城市规划,2013(4):57-61.
[20] 陈小鸿,杨涛,叶建红,等.中国城市公共交通优先发展需求分析[D].上海:同济大学,2013.

[21] 宋瑞.城市公共交通[M].北京:北京交通大学出版社,2014.
[22] AVISHAI CEDER.公共交通规划与运营——建模、应用及行为[M].2版.关伟,等,译.北京:清华大学出版社,2017.
[23] 陈学武,戴霄,陈茜.公交IC卡信息采集、分析与应用研究[J].土木工程学报,2004,37(2).
[24] 陆建,胡刚.常规公交线网布局层次规划法及其应用[J].城市交通,2004(4):34-37.
[25] 深圳市城市交通规划设计研究中心.公交线网革命:探寻公交替代小汽车之路[R].2018.
[26] 宁智彬.考虑道路通行能力的公交停靠站设置形式研究[D].长春:吉林大学,2017.
[27] 张天孟.公共交通枢纽选址方法研究[D].西安:长安大学,2012.
[28] 蒋阳升.城市轨道交通概论[M].北京:人民交通出版社股份有限公司,2014.
[29] 徐康明,蔡健臣,孙鲁明.快速公交系统规划与设计[M].北京:中国建筑工业出版社,2010.
[30] 蔡健臣.建设快速走廊,打造"畅通城市"——常州快速公交的实践与思考[J].人民公交,2011(3):56-58.
[31] 李旭芳,夏志杰.现代城市公共交通智能化管理概论[M].上海:同济大学出版社,2013.
[32] 吴忠,栾冬庆.智能公共交通系统的理论、方法与应用[M].上海:同济大学出版社,2013.
[33] 钱小鸿.智慧交通[M].北京:清华大学出版社,2011.
[34] 陈家蓉.基于大数据的城市智能公交管理系统的设计与实现[D].西安:长安大学,2017.
[35] 侯现耀.智能公交信息对城市居民公交出行方式选择的影响研究[D].南京:东南大学,2016.
[36] 刘静.城市轨道交通突发事件下的公交车辆应急调度方法研究[D].北京:北京交通大学,2016.
[37] 苏娇.我国城市轨道交通突发事件应急管理研究[D].西安:长安大学,2015.
[38] 邓捷.智能公交信息的采集处理及应用研究[D].重庆:重庆交通大学,2014.
[39] 刘轩.城市轨道与地面公交应急协调方法研究[D].成都:西南交通大学,2014.
[40] 彭明.城市公交运营安全管理及应急处置研究[D].西安:长安大学,2012.
[41] 张伟.基于GPS和移动互联网的城市公交监管系统设计与研发[D].长沙:湖南师范大学,2012.
[42] 中华人民共和国交通运输部.城市公共交通"十三五"发展纲要[EB/OL].2017-02-13.交通运输部网站 http://www.mot.gov.cn/zhuanti/shisanwujtysfzgh/guihuawenjian/201702/t 20170213_2163887.html.
[43] 国务院."十三五"现代综合交通运输体系发展规划[EB/OL].2017-08-16.中国政府网 http://www.gov.cn/zhengce/content/2017-02/28/content_5171345.htm.
[44] 王寒松,李成,刘向龙.以国家标准评价城市公共交通发展水平[J].大众标准化,2017(7):10-14.
[45] 孙庆军.基于公交需求变化的柔性公交线网设计[D].哈尔滨:哈尔滨工业大学,2015.
[46] 倪亚洲,薛运强,刘彤,等.非集计—弹性模型在公交出行需求分析中的应用研究[J].

武汉理工大学学报(交通科学与工程版),2014,38(2):442-445.

[47] 李德芬.基于需求弹性分析的公共交通吸引力研究[D].北京:北京工业大学,2007.

[48] 孙蕞,严作人.公交需求价格弹性计算和公交政策刍议[J].城市公用事业,2006(5):3-7.

[49] 许文娟.城市公共交通与城市发展的适应性评价研究[D].北京:北京交通大学,2014.

[50] UITP. WORLD METRO FIGURES 2018[Z/OL]. https://www.uitp.org/sites/default/files/cck-focus-papers-files/Statistics%20Brief%20-%20World%20metro%20figures%202018V4_WEB.pdf.

[51] 国家统计局.中国统计年鉴2019[M/OL]. http://www.stats.gov.cn/tjsj/ndsj/2019/indexch.htm.

[52] 禹丹丹,姚向明,徐会杰,等.峰前折扣票价下轨道交通乘客出发时间弹性[J].交通运输系统工程与信息,2019,19(5):156-162.